哲学入門
ショートストーリー200

PHILOSOPHY IN MINUTES: 200 Key Concepts Explained in an Instant

マーカス・ウィークス【著】
山口義久, 松子・Y・ノース【共訳】

丸善出版

PHILOSOPHY IN MINUTES

by

Marcus Weeks

Copyright © 2014 by Quercus Editions Limited
All rights reserved.
Japanese translation published by arrangement with Quercus Editions Limited, a division of Hachette UK Limited through The English Agency (Japan) Ltd.

Japanese language edition published by Maruzen Publishing Co., Ltd., Copyright © 2025

はじめに

　「哲学」という言葉は，西洋哲学における，他の多くのものと同じように，ギリシアに起源をもっている．もとの言葉である philosophia（ピロソピアー）は，「知への愛」を意味していて，これは問題の事柄をうまく記述しているかもしれないが，哲学が実際に何であるかについて，あまり多くのことを教えてくれない．

　おそらく，哲学のことを「哲学者たちがしていること」と考えるのが一番だろう．つまり，哲学者の研究というよりは，むしろ活動と考えるのである．その活動とは，宇宙や，その中での我々の位置づけといった，根本的な問題を立てて，それに答えようとすることに，人間の理性的な思考能力を使うことである．これは，とても広漠とした事柄に対する，広漠とした定義であるかもしれない．しかし，それは，我々が生きている世界を理解しようとする，ほかのやり方から哲学を区別するには有効な手段である．核心のところでは，哲学は考えることである．物事が今あるあり方をしているのはなぜか，いかにして我々は最もよく生きるべきか，いかにして我々は自分が知っていることを確信できるか，また，我々の存在に意味があるとしたら，それは何かといったことを，考えることである．同じ問いは，宗教や科学によっても問われる．しかし，宗教は信仰や信念の上に立った答えを与えるのに対して，哲学は理由づけを用いるし，科学は記述を提供するのに対して，哲学は説明を探求するのである．

　学術的な科目としての哲学は，大思想家たちの考えを研究するものであり，本書の主流を占めることになるのも，彼らの考えである．しかし，哲学は，ほとんど誰でも首をつっ込むような何かでもある．我々は誰でも，偉大な哲学者たちが投げかけたのと同じ疑問について考えをめぐらしたり，お酒や食事を囲みながら，友人たちとそれらの疑問について議論したりすることに，いくらかの時間を使っている．我々は，意見が合わないこともよくあるし，明確な答えに到達しない場合も，それと同様に多くある．哲学者たちも，大きく異なる意見をもっているし，し

ばしば答えよりも多くの疑問をもち出す．しかし，哲学者たちは，歴史の中で一貫して，これらの疑問に対するさまざまな見方を我々に提供してきた．そして，彼らの思考の過程を理解することによって，我々は，いかにして我々の思考や議論を組織立ったものにすべきかを学ぶことができるのである．

目　　次

哲学の分野区分　1
1 哲学の分野区分　2 形而上学　3 認識論　4 存在論
5 論理・論理学　6 道徳哲学と倫理学　7 政治哲学　8 美学
9 東洋の哲学と西洋の哲学　10 哲学 対 宗教　11 哲学と科学

ギリシア哲学　12
12 ギリシア哲学　13 ミレトスのタレス
14 アナクシマンドロスとアナクシメネス　15 無限背進
16 ヘラクレイトス：万物は流転する
17 ピュタゴラス：数に支配された宇宙
18 クセノパネス：明証性と真の思わく　19 パルメニデス：一元論
20 ゼノンのパラドクス　21 堆積のパラドクス
22 四つの構成要素（元素）　23 デモクリトスとレウキッポス：原子論
24 アテナイの哲学　25 ソフィストと相対主義
26 ソクラテスと問答法　27 ソクラテスと道徳哲学の起源
28 吟味されない生　29 幸福：よく生きること　30 徳と知
31 政治哲学の始まり　32 プラトンと「ソクラテス対話篇」
33 プラトンのイデア論　34 プラトンの洞窟　35 道徳と宗教
36 プラトン 対 アリストテレス　37 科学的な観察と分類
38 アリストテレス：経験からの知　39 論理学と三段論法
40 四原因と存在の本性　41 『国家』と『政治学』
42 倫理学と黄金の中庸　43 美　44 芸術作品の評価
45 キュニコイ：ディオゲネス
46 懐疑主義者：ピュロンと彼の後継者たち　47 エピクロス派
48 不死なる魂　49 ストア派：ローマ帝国の哲学

東洋哲学　50
50 東洋哲学　51 道教・老荘思想　52 儒教・儒家の思想　53 黄金律
54 輪廻・法・業・解脱　55 仏教

iii

キリスト教と哲学 56

56 キリスト教と哲学 57 信仰と理性の調停
58 神の存在：目的論的論証 59 悪の問題 60 自由意志と決定論
61 『哲学の慰め』 62 スコラ哲学と教義 63 アベラールと普遍
64 神の存在：存在論的論証 65 パスカルの賭け
66 トマス・アクィナス 67 神の存在：宇宙論的論証 68 自然法
69 行為と不作為 70 唯名論 71 オッカムの剃刀とビュリダンのロバ
72 学識ある無知 73 エラスムスと人文主義
74 宗教改革：権威の弱体化

哲学とイスラム 75

75 哲学とイスラム 76 アヴィセンナと「浮揚人間」 77 アヴェロエス
78 イスラムの西洋哲学への影響

ルネサンス・理性・革命 79

79 ルネサンス・理性・革命 80 ルネサンス人文主義
81 マキャベリと政治的現実主義 82 目的と手段 83 道徳に関わる運
84 ベーコンと科学の方法 85 自然状態 86 社会契約
87 ヴォルテールと「百科全書派」 88 ジャン・ジャック・ルソー
89 自由 90 革命：古い王権の置換 91 合理論
92 デカルト：「我思う，ゆえに我あり」 93 心身二元論
94 機械の中の霊 95 欺くデーモン 96 自動機械としての動物
97 他者の心と自己意識 98 自己同一性 99 心身問題
100 スピノザ：実体と属性 101 スピノザ：神と自然
102 「二種類の真理」

経験論 103

103 経験論 104 トマス・ホッブズ：機械としての人間 105 動物の権利
106 ロックと知られるものの限界
107 存在することは知覚されていること 108 ヒュームと因果性
109 ヒュームの分岐点 110 帰納の問題 111 常識
112 理性は情念の奴隷 113 存在 対 当為
114 知識：正当化された真なる信念か 115 実証主義
116 社会学的実証主義 117 『種の起源について』
118 進化・創造論・知的意図 119 イギリス自由主義 120 政治経済学

[121] 保守主義　[122] ベンサムと功利主義　[123] 『自由論』
[124] 『二つの自由概念』　[125] 女性の権利

ドイツ観念論　126

[126] ドイツ観念論　[127] 合理論と経験論の調停
[128] 現象と知的対象（ヌーメノン）　[129] 定言命法
[130] 道徳性は現実性である　[131] 観念論と自然
[132] 『意志と表象としての世界』　[133] 普遍意志
[134] 現実は歴史的過程である　[135] ヘーゲルの弁証法
[136] 疎外と時代精神　[137] 唯物論と無神論　[138] 弁証法的唯物論
[139] 『資本論』　[140] 社会主義と共産主義　[141] 民衆のアヘン
[142] ニーチェ：神は死んだ　[143] 人間と超人

実存主義　144

[144] 実存主義　[145] 実存的不安　[146] フッサールの現象学
[147] ハイデガー：『存在と時間』　[148] 自己意識　[149] 哲学と文学
[150] 絶え間ない流れとしての現実　[151] 『存在と無』
[152] 「意味を求める不条理な要求」　[153] 『第二の性』　[154] 言語学と記号論
[155] 構造主義　[156] 脱構築

アメリカの哲学　157

[157] アメリカの哲学　[158] 超越主義　[159] プラグマティズム
[160] 真実と有用性　[161] 哲学 対 心理学　[162] 心の科学　[163] 行動学習
[164] ネオプラグマティズム

現代論理学　165

[165] 現代論理学　[166] 数学と論理学　[167] 論理学 対 認識論
[168] 『数学原理』　[169] 分析哲学　[170] 真偽と論理　[171] 『論理哲学論考』
[172] 論理実証主義　[173] 道具としての言語　[174] 言語学　[175] 普遍文法
[176] 人工知能

20世紀の哲学と科学　177

[177] 20世紀の哲学と科学　[178] 形而上学的な問題への科学的な解答
[179] 新たな哲学的問題　[180] 反証可能性　[181] パラダイム・シフト
[182] 『方法への挑戦』

20世紀の政治哲学　183

[183] 20世紀の政治哲学　[184] フランクフルト学派　[185] 批判理論

⑱ プラグマティズムと民主主義　⑰ 公正さとしての正義
⑱ 権原としての正義　⑲ 政治権力の分析　⑳ 左翼の失敗
㉑ 環境主義　㉒ 人種と哲学　㉓ 市民の不服従
㉔ ジェンダーと哲学

応用哲学　195

⑮ 応用哲学　⑯ 政治・経済・職業倫理　⑰ 科学倫理と医療倫理
⑱ 哲学と教育　⑲ 科学 対 宗教　⑳ 哲学の未来

用語解説　201
訳者あとがき　205
索　引　207

1 哲学の分野区分

　我々が知っている最初の哲学者たちは，紀元前6世紀に，古代ギリシアに現れた．文明がしっかり確立され，さらに洗練されていくにつれて，思想家たちは宇宙や社会のはたらきに対する伝統的な説明に疑問を覚え始め，慣わしや宗教にもとづいた答えよりも，むしろ理性的な思考にもとづいた答えを求めはじめた．彼らが取り組んだ最初の問題は，「世界は何からできているか」であった．これは我々が現在「形而上学」と呼んでいる哲学の分野である．これを出発点に，彼らは，我々はいかにして自分が知っていることに確信をもてるか（認識論の分野）と，我々の存在の本質（存在論）を問題にしはじめた．ゆっくりとではあるが，彼らは自分たちの議論を分析する，系統だったやり方や論理学を，そして基礎的な観念を引き出すために問いを立てる技術を開発した．これによって，道徳哲学あるいは倫理学の領域が開かれた．これは，正義や徳，幸福といった概念に関わるものである．そして，今度はこのことから，多くの哲学者が，我々はどんな種類の社会で生きたいのかを探求するようになった（政治哲学として知られる分野の誕生）．

ラファエロの有名なフレスコ画「アテネの学堂」は，古代哲学の主要人物を描いている

哲学の分野区分　　1

② 形而上学

　最初の哲学者たちにとって，どうしても答えたかった疑問は，「あらゆるものは何からできているか」であった．最も根本的なところで，これは形而上学として知られる哲学の分野の中心問題である．古代ギリシアの哲学者たちによって提案されたの理論のうち，多くのもの（構成要素［元素］の概念，原子，などなど）が近代科学の基礎を形づくった．近代科学は，それ以来，これらの根本的な問題に，証拠に基づいたさまざまな説明を提供してきたのである．

　形而上学は，しかしながら，科学の領域を超えた探求の場へと発展してきた．それは，宇宙の成り立ちを扱うだけでなく，存在する事物の本性を探求するが，その探求には，物質的なもの固有の特性とか，精神と物質の間の違いとか，原因と結果，存在の本質，「ある」ということと現実性（存在論として知られる形而上学の分野）といったものが含まれている．科学的な発見を目の当たりにして，ある哲学者たちは形而上学の妥当性を問題視してきたけれども，現代の量子力学などの領域の発展によって，形而上学の理論に対する新たな関心も生まれている．

【訳注】「形而上学」は，批判的な意味も含め，さまざまな意味で用いられる．その難解さの背景には，この言葉の成立の事情がある．ラテン語で metaphysica は，ギリシア語からの派生語だが，もともとアリストテレスの著作が編集された際に，自然学（physica）の後に（meta）置かれた作品から metaphysica という言葉が生まれた．これがアリストテレスの『形而上学』という著作だが，その内容が自然学を「超える」ものと解されるようになり，現在の（「メタ言語」などと言う場合の）「メタ」という接頭辞の起源ともなっている

2

③ 認識論

　古代ギリシアの哲学者たちが答えようとしていたすべての問題の根本には,「我々はいかにしてそのことを知るのか」という単純な問いで最もうまく要約できる問題があることが, 彼らにはすぐに明らかになった. この問いや, 我々が知ることができるものは（そういうものがあるとしたら）どのような種類のものなのか, 我々はいかにして知を得ることができるのか, そして知そのものの本性といった, それによく似た問いに, 西洋哲学はそれ以来心を奪われてきた. それが認識論として知られる哲学の分野を形づくっているのである.

　ある哲学者たちは, 我々は経験によって, また我々の感覚によって提供された証拠を通じて, 知を獲得すると信じている. これは経験論として知られる見解である. 別の哲学者たちは, 知は主として推理思考の手順によって獲得されると考えている. これは合理論として知られる見解である. 経験論と合理論の間の区別は, 19世紀に至るまでのさまざまな哲学学派の特徴を定める助けになる. その一方で, 認識論の他の領域は, 知と, 真実や信念といった概念との間の関係を問題にする.

【訳注】 古代ギリシアでの認識論の問題意識は, クセノパネス（18頁参照）から始まったが, デルポイのアポロン神殿に掲げられていた有名な碑銘「汝自身を知れ」に, すでに認識論の萌芽があった. 古代ギリシア人の意識には, 自己知とは,「死すべきもの」としての分際を知るという意味があった. クセノパネスも, 神の完全性との対比から, 我々の知は, 思わく・思われにすぎないと考えた. 限界をもつ人間が, よりよき思わくを得るには, 探求が必要だという. 彼のこの問題意識は, 哲学の探求そのものの原動力の役割を果たした

哲学の分野区分　　3

4 存在論

 存在論は，形而上学の大きな部分を占める分野とみなされるものであって，哲学のうち，実在と現実の本性を考察する領域である．これが認識論と異なっているのは，物事についての我々の知を問題にしないで，何かあるものが実際に存在しているのか，また，どのような種類のものが実在していると言えるのかといった問いを投げかける点においてである．

 存在論は，何が実在していると言えるかを決着させようとするだけでなく，さらには，物事のもつさまざまな特性を識別して，物事をそれらの特性と特性同士の関係に応じて区分しようと試みる．当然，そこには「実在」「あるもの」「現実」といった用語の意味の考察が含まれる．これらの用語は存在論的関心の中心にあるものだが，さらに，ある対象の実体や本質，それの同一性，具体的対象と抽象的対象の違いの考察も，そこに含まれる．例えば，「愛」や「記憶」といった概念は，テーブルや岩石と同じ意味で実在すると言えるのか．

【訳注】 古代ギリシアでの存在論の問題意識に，パルメニデス（19 頁参照）の議論が大きな役割を果たした．彼は「ある」を「あらぬ」と対比して，「あらぬもの」は無で，ありえないと論じたので，彼以後の人は，「ある」の意義を意識せざるをえなくなる．例えばプラトンは，物質的なものと非物質的なものを区別し，感覚される物質的なものしか「ある」と考えない見方を批判し，感覚の妥当性も検討しながら，「ある」ことの意義を追求した．さらにアリストテレスは，「ある」の多義性を分析しながら，「ある」こと自体について論じた

5 論理・論理学

　宇宙と，その中での我々の位置についての問いに答えようとするなかで，哲学は，推理思考を用いるという点で，宗教やたんなる慣わしと区別される．哲学者は，考えた結果としてさまざまな思想を提案するが，自分の主張が正当だとするためには，合理的な議論をしなければならない．ある論拠が妥当である（正しい）か，間違っているかを示すために，多種多様な技法がこれまでに考案されてきた．それが，論理学として知られる哲学の分野となっている．

　単純にいうと，論理とは，前提として知られている言明から，結論を導き出す手続きである．それには，さまざまな特定の事例から一般的な原理を導くもの（帰納推理）と，一般的な言明から結論に到達するもの（演繹推理）とがある．論理的議論の古典的な形式，すなわち，二つの前提と一つの結論からなる，いわゆる三段論法は，アリストテレスによって定式化され（39頁参照），哲学的論理学の根幹であり続けたが，ついには，19世紀に数学的論理学の進歩が新しい観念を持ち込み，20世紀には記号論理学が哲学の新しい領域を切り開いたのである．

All men are mortal
Socrates is a man
Therefore Socrates is mortal

すべての人間は可死的である
ソクラテスは人間である
それゆえソクラテスは可死的である

【訳注】　このような三段論法は「形式」論理学に属している．ある考えや主張の正しさを判断する際に，その内容に注目する場合と形式に注目する場合がある．内容が正しいか否かと無関係に，形式で推論の正しさ（妥当性）を判断できるのが，形式論理学の特徴である．前提がすべて真なら結論が必ず真になるのが妥当な推論である．古代ではアリストテレスの論理学以外に，ストア派の論理学もあった．こちらは，「AならばB．Aである．ゆえにBである」などの三段論法を扱う，違ったタイプの論理学だが，これも形式論理学である

哲学の分野区分　　5

⑥ 道徳哲学と倫理学

　最も初期の哲学者たちは，大宇宙のほうを理解しようと求めたものの，哲学が自らの注目を人間自身に，そして我々の生き方に向けるようになるまでに，長い時間はかからなかった．徳の観念は，古典期の社会において生の中心にあったが，定義することの難しいものであった．善悪，幸福，勇気，道徳性といった概念は，倫理学あるいは道徳哲学として知られる哲学の分野における，論争の主題となった．

　徳のある生き方の本質を見定めようとして，哲学者たちは，人生の終着点は何であるべきか，生の「目的」は何か，という問題を提起した．我々はいかに人生を送るべきか，そしていかなる終点に向かうべきか．「よき生」という概念，「エウダイモニアー」は，ギリシアの哲学のなかで大きな役割を演じていたもので，有徳な生き方だけでなく，幸福な生き方までも体現している．この「よき生」がいかにして達成できるかについて，いくつもの異なった思想の学派がおこった．そのなかには，自然との調和を信奉するキュニコイ，快楽が最大の善だと信じるエピクロス派，そして，我々の思うがままにならない物事を受け入れることに信をおくストア派が含まれる．

【訳注】　大宇宙（マクロコスモス＝宇宙全体）と小宇宙（ミクロコスモス＝人間）の対比は，ルネサンス頃から使われたもので，古代の言い方ではない（大・小の対比は，古典ギリシア語では「メガ」・「メガロ」と「ミクロ」である）が，宇宙全体と人間の間に類比を認める発想は，古代にも見られる．例えばアナクシメネスが世界の始原を空気と考えた（14 頁参照）背後には，気息としての空気が人間の魂としてあることと，空気が宇宙全体を支配することに類比関係を見る考えがあったことが，彼の断片 B2 から知られる

７ 政治哲学

　倫理学と道徳哲学が徳を規定し,「よき生」を成り立たせるものとは何かを規定しようと求める一方で, それと密接に関係する政治哲学の分野は, 正義のような概念を検討し, いかなる種類の社会が, それを構成する市民たちが最もよく「よい生」を送ることを可能にしうるのかを考察する. 社会がどのように組織され統治されるべきかという問題は, 古典期ギリシアにとって最大の重要性をもつ問題であっただけでなく, ほとんど同じ時期の中国における, 民族国家の発展においてもそうであり, 他の地域でも, 新しい文明が興隆するにつれて重要なものになった.

　哲学の一分野としては, 政治哲学は, 正義, 自由, 権利, そして国家と国民の間の関係を扱う. それはまた, 君主制, 貴族制, 寡頭制, 独裁制, 民主制といった, 統治の多様な形態についても, それぞれの体制が個人の権利や自由にどのような影響を与えるか, またそれらの体制がいかにして法律の規則を通じてその権威を発揮するかを考察する.

【訳注】 哲学の他の分野と比べて, 政治哲学が登場するには時間がかかった. その背景には, 哲学的な問題意識と無縁なところで政治的な動きが起こるという現実がある. 哲学者がそのような動きに巻き込まれた例としてソクラテスの場合（31 頁訳注参照）がある. その一部始終を目撃したプラトンが, 政治のことも哲学の観点から考えるべきだと考えたことが, 政治哲学の始まりである. 歴史的に政治哲学は政治運動に変質しがちであり, 今日人々が政策よりも「政局」を重視することも, 政治と哲学の関係の難しさを示している

哲学の分野区分

8 美学

ギリシアの古典哲学者たちが徳や正義といった概念を定義しようと求めたことは，道徳哲学や政治哲学といった分野を生み出したが，彼らは同時に「美とは何か」という問いも投げかけた．これは，美学の根本となる問いである．哲学の一分野としての美学は，あるものが美しいかどうかを判定するための客観的基準とは，もしあるとしたら，何であるのかを確証しようとするが，もっと広い意味では，芸術のあらゆる側面を，「芸術とはなんであるか」という，まさに基本的な問いも含めて，考察する．

歴史上のさまざまな時代で，美学が強調するところは，芸術を成り立たせているものは何かという問題から，芸術の宗教的，あるいは社会・政治的な意味に移ったり，我々の芸術鑑賞の一般理論や，我々がいかに芸術を感じとるかという問題になったり，芸術制作過程そのものに変わったりしてきた．作品の真作・偽作や，作成者の誠実さといった問題を検討する場合には，哲学的・倫理学的な問題が提起されることもある．

【訳注】「美学」と訳されるAestheticsの本来の意味は「感覚（ギリシア語でaisthesis）」についての学であるので，直訳すれば「感性論」となろう．だが，古代ギリシア人が「美とは何か」を問題にしたときには，視覚や聴覚によって捉えられる美だけではなく，心の美しさや，行動の美しさも重要な美であった．そのような美に対する感性も，哲学の範囲に含まれることを見落としてはならない

8

9 東洋の哲学と西洋の哲学

　古代ギリシアに始まる伝統は，西洋世界では，今でも哲学的討論を支配する傾向にあるが，哲学は，けっしてその唯一の伝統に限局されるものではない．中国における老子や孔子といった思想家たちもまた，違った出発点から彼ら自身の哲学的伝統を創設したし，インドにおけるブッダもそうだと言って間違いない．彼らにとって，また後世の東洋の哲学者たちにとって，形而上学の問題は宗教によって十分に説明されると考えられていた．このために，東洋の伝統は，西洋のそれよりはるかに，徳の概念や我々の人生の生き方に焦点が当てられたものである．とりわけ中国では，この道徳哲学が，統治する王朝に採用され，政治的な側面をもつようになった．東洋哲学と西洋哲学は，19 世紀まで，まったく切り離された発展をとげたが，19 世紀には，ヨーロッパの哲学者たち，なかでも特にショーペンハウアーが，インドの宗教的・哲学的思想に興味をもちはじめた（133 頁参照）．それ以降，東洋哲学のいろいろな要素が，西洋哲学のいくつかの分野のうちに取り込まれてきた．

インドと中国においては，哲学と宗教の違いは西洋ほど明確ではない

【訳注】 東洋思想が共通の特徴を持っているとするような安易な単純化はできない．ギリシアの古典期と重なる時代に，インドでは仏教その他の思想が興り，中国では「諸子百家」と呼ばれる思想家たちが活動した．この三地域の思想には，共通性と，それぞれの特徴があり，それらの比較そのものが興味深いテーマとなりうる．各地域に多様な発想や視点が見られ，それぞれの研究が専門化され細分化された今日，全体的な比較は困難になった一方，観点を限って比較することから有益な知見が得られる可能性は残っている

🔟 哲学 対 宗教

　宗教と哲学は，我々をとりまく世界についての我々の問題に答えるための，明確に違う二つの取り組み方を提供する．宗教は，信心や信仰，神的な啓示を通じて，哲学は，理性と議論を通じて，その問題に取り組むが，しばしば両者は，まったく同じ範囲の事柄を問題にし，ある場合には相互に関係しあっている．東洋哲学は宗教と一緒に発展したし，イスラムは，その神学と，それが古典世界から受け継いだ哲学の間にいかなる矛盾も見なかった．しかし，西洋哲学とキリスト教の関係は，非常にしばしば不安定なものであった．中世の教会の権威者たちは，哲学を彼らの教義に対する挑戦と見なした．キリスト教徒の哲学者たちが，キリスト教的な教説のなかにギリシアの哲学思想を組み込もうとすることは，異端者の烙印をおされる危険をおかすことだった．だがそれ以上に，哲学はまた，知と対立する信とか，理性と対立する信仰といった事柄も問題にした．例えば，奇跡の証拠が何かあるのかとか，神の存在が証明できるかどうかといったことまで問題にすることによって．

【訳注】　宗教とは何かは，哲学とは何か以上に困難な問題である．哲学も，実際の哲学者のことを考えると難しいが，「知を愛すること」という文字通りの意味は考えやすい．宗教には同様の規定はないので，どの宗教を念頭に置くかによって，宗教のイメージは一変する．例えば，キリスト教は，仏教や神道とは異質に見える．具体的には，ユダヤ教があって，キリスト教とイスラムはユダヤ教の聖典（いわゆる「旧約」聖書）を共有しているのでこれら三つは姉妹宗教と言える．それらの哲学との関係も，歴史的な状況に左右されて一通りではない

10

11 哲学と科学

　哲学の歴史の大部分を通じて，近代科学のようなかたちの科学などというものはなかった．実際には，近代科学が発展してきたのは，哲学的な探究からである．宇宙の構造と実質について，形而上学が答えようとした問題は，のちに「自然哲学」の基礎となる理論の誘い水となった．自然哲学とは，我々が現在物理学と呼ぶものの先駆者である．合理的な議論の手続きが，その発展の間ずっと「科学的方法」を支えている．

　18世紀以来，もともと形而上学が追求していた問題の多くが，観察や実験，計測によって答えられてきており，哲学はこれらの分野では余計者のように見えるようになった．それ以来，哲学者たちは目標を科学そのものを考察することに移してきた．ある人たちは，ヒュームのように，科学における帰納推理の妥当性を問題にし（110頁参照），ほかの人たちは，科学が用いる用語の意味を明確にすることを求めた．これらは，科学倫理や，科学の進歩の仕方といった分野に考えをめぐらせる「科学哲学」を切り開くことになる．

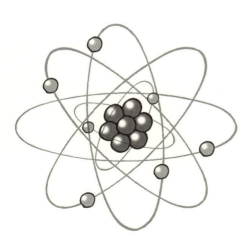

【訳注】　近代科学の特徴を理解するには，古代を無視することはできない．コペルニクスの太陽中心説（79頁参照）と，地球と太陽の関係の点では実質的に同じ説明が，前3世紀にサモス島のアリスタルコスによってなされたことが，アルキメデスやプルタルコスの証言から分かる．彼の説明が主流にならなかったのは，理論的な理由からである．近代科学で地動説が主流になった背景には，ガリレオの望遠鏡が象徴するように，観測などの技術の飛躍的な向上がある．それ以来，自然科学は，技術の進歩と両輪のように前進してきた

哲学の分野区分　　11

ギリシア哲学

12 ギリシア哲学

　西洋哲学の始まりは，紀元前6世紀頃からのギリシア文化・社会の急速な成長と密接に結びついている．ギリシア本土とギリシアの島々に加えて，ギリシア人たちは東地中海じゅうに，また南イタリアとシチリア島にも移民していた．知られる限り最初の哲学者たちが現れたのは，これらの移民都市の一つ，現代のトルコ西岸のミレトスにおいてであった．タレスを先頭にして，ミレトスの哲学学派は，続く諸世代に知的影響を与え，哲学的な思考と議論の実践は，またたく間にギリシア世界全体に広まった．アテナイは，哲学が栄えるための理想的な場所であることが明らかになり，おそらく全歴史を通じて最も影響力の大きい三人の哲学者を生み出した．ソクラテス，プラトン，アリストテレスである．彼らのあとには，四つの主要な思想家の系統が続いた．キュニコイ（犬儒派），懐疑主義者，エピクロス派，ストア派である．ギリシアの影響力は，アレクサンドロス大王のもとで頂点に達したが，紀元前323年の彼の死後，ギリシアは相争う部分に細分化され，その文化的影響力も衰退していき，徐々に勢力を増していったローマ帝国に追い越されるようになった．

【訳注】 西洋古代の哲学は，イオニアと南イタリア中心から，アテナイが中心になる時代までがギリシア哲学時代，アレクサンドロス死後のヘレニズム（ギリシア化・ギリシア風）時代，そして，ローマに中心が移った後の時代に区分される．ヘレニズム時代は，社会背景の変化や，哲学の担い手の変化もあって，新たな要素が生まれた．国家の枠を越えて，人間と宇宙全体の関係を考えるストア派のような思想や，逆に社会性よりも個人的な生き方に関心を集中するエピクロスのような思想が出てきたのも，ヘレニズム的な傾向と言える

13 ミレトスのタレス

　紀元前6世紀初め頃のある時，ミレトスの移民都市で，タレスと呼ばれる人が，宇宙のはたらきに対する伝統的な説明に満足せずに，理性的な思考による彼自身の答えを見つけようと求めた．我々の知る限りでは，彼はそのことをした最初の人であり，最初の哲学者と考えられている．彼が最も関心をもった問題は，すべての「ソクラテス以前の」哲学者たちの関心でもあり続けた問題だが，「世界は何からできているか」というものであった．

　タレスの答えは驚くべきものであった．彼はあらゆるものがただ一つの構成要素から，すなわち水からできていると考えたのである．彼の推理は，水があらゆる生命に不可欠のものであり，いくつもの形で現れる（液体としてだけでなく，冷たくなると固体になり，熱くなると気体になる）というものだった．さらには，固体の大地は水に浮いているように思われたので，それはおそらく水から出現したのであり，それゆえ水からできていて，それは宇宙のなかのすべてのものと同様だというものであった．現代の科学が，すべての物質は究極的にはエネルギーに還元されると我々に示してくれることから考えると，タレスの考えは，ひょっとしたら一見して思われるほど単純なものではなかったのかもしれない．

タレスの宇宙論は，地表の多くが実際に水で覆われているという事実からインスピレーションを得た

【訳注】　タレスについては，伝説的な言い伝えや，後世の推測による説明も多く，正確な実像を捉えるのは難しい．間違いないことの一つは，彼が当時の「七賢人」の一人と考えられていたことである．七賢人の内訳は，史料によって異同が大きく，固定されたメンバーがあったわけではないが，タレスはソロン（24頁参照）と同様，ほぼ常連のように名前が挙げられる代表的な賢者であった．彼が「最初の」哲学者だというのは，アリストテレスの解釈によるものであり，プラトンも彼を哲学者とみなしたが，異なった観点からであった

ギリシア哲学　　13

14 アナクシマンドロスとアナクシメネス

　世界を見る，他の方法と区別される哲学の特徴の一つは，弟子が師の結論を受け入れることが勧められるのではなく，それを討論し，議論し，さらには異議を唱えることさえも推奨されていることだ．これはちょうど最初の哲学の学派，タレスによって創始されたミレトス派で起こったことである．彼の弟子アナクシマンドロスは，もし地球が水によって支えられているなら（タレスの主張：13頁参照），その水を支えているのは何かと尋ねた．彼の示した考えは，地球は空間に宙釣りになっている，太鼓型のような円筒形であり，平らな表面の一つが我々が住んでいる世界になっているというものだった．アナクシマンドロスにはまた，アナクシメネスという弟子がいて，この人は，世界は平らで空気に浮かんでいることが自明だと言った．彼は，タレスと同じ種類の議論を用いて，すべてのものを構成している要素は空気であると結論づけた．ミレトス派の哲学者たちの結論は，のちの科学的発見の観点からは，絶望的に間違っているように我々には見えるが，その結論に到達するために用いられた推論の手続き，とくに議論と反論の応酬は，依然として哲学的探求の基礎になるものである．

【訳注】　アナクシマンドロスは，自然についての書物を残した．彼の説明には「アルケー（始原・原理）」の用語が最初に現れる．タレスの「水」も，アナクシマンドロスたちが「万物のアルケーは何か」という問題を考え，タレスも実質的に同じ問題を考えたという想定から理解される．アナクシマンドロスは，水が始原だと，それと対立する性質が説明できないと考えて，「無限定なもの」を始原としたが，アナクシメネスは始原も特定のものだと考えて「空気」だとした．ここにも，問題の共有と，相互批判の精神が現れている

15 無限背進

　アナクシマンドロスが，彼の師の，地球が水に浮かんでいるという理論に異議を唱えるのに用いた議論は，哲学のいくつかの系統に現れる着想を含んでいた．世界が水のかたまりで支えられているのなら，その水を支えているのは何か．その次には，その支えているものを支えるのは何か．これは無限に続く．これと同じパターンは，原因と結果を含むさまざまな議論のなかで見ることができる．すなわち，あるものが何か別のものの原因になるとき，そのものの原因は何か．この明らかに終わりのない連鎖は，無限背進と呼ばれている．ある哲学者たちは，無限背進の存在を，宇宙が永遠であることの証明とみなしたが，多くの人はその考えに満足できず，すべての事物に最初の，あるいは第一の，原因がなければならないと提唱した（現代のビッグバン理論と響き合う考え）．ある人々にとって，最初の原因，または「第一動者」は，純粋な思考や理性と同類の抽象的な考えだったが，とりわけ中世のキリスト教哲学者にとっては，それは神だった．じっさい，第一原因という考えは，トマス・アクィナスの，神の存在の宇宙論的論証の中心だったのである（67頁参照）．

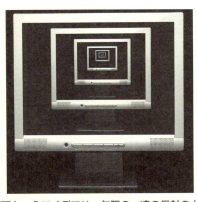

画面内の画面内の画面というアイデアは，無限の一連の反射のように，無限背進という厄介な概念を体現している

ギリシア哲学　　15

16 ヘラクレイトス：万物は流転する

タレスがミレトスで設立した哲学の学派とは対照的に，エペソスという都市のイオニア海岸近くに，単独の思想家ヘラクレイトスが，全く異なる哲学的見解をもって暮らしていた．彼は，あらゆるものがそこから派生する単一の構成要素を提案するよりむしろ，変化という，すべてのものの基礎となる原則を提案した．ヘラクレイトスは，すべてのものが，対立する属性や傾向からできていると見た．彼が掲示した比喩は，山を登る道は下る道と同じだというものだった．

「対立物の統一」として知られるこの理論では，対立する力同士の緊張と矛盾が現実を生み出すものであるが，その現実は本質的に不安定である．したがって，あらゆるものが絶えず変化している．万物は流転しているのである．ちょうど，川の水は絶えず流れていくが，川そのものは同じもののままであるように，我々が永続的で不変の現実だと考えるものは，「もの」からできているのではなく，生成過程から成り立っているのである．

【訳注】ヘラクレイトスの言葉は断片的で真意をつかみにくい反面，さまざまな人にインスピレーションを与える．「万物は流転する」は，何ものも変化してとどまらないという意味に受け取られる．その説明として「同じ川に二度入ることはできない」が挙げられることもあるが，アリストテレスによると，クラテュロスは「同じ川には一度も入ることはできない」と言って彼を批判したという．逆にいうと，ヘラクレイトスは万物が徹底的に流転しているのではなく，流転によって同一性・統一性を保っていると考えていた可能性が大きい

16

17 ピュタゴラス：数に支配された宇宙

　ピュタゴラスはイオニア海岸沖のサモス島で生まれたが，他のイオニア哲学者たちとは違い，そこには長い間とどまっていなかったようだ．彼は，40歳頃まで地中海を旅して回り，南イタリアにあったギリシア植民市クロトンで宗教学派に似たものを立ち上げたと考えられている．この並外れた天才は，数学に特別な才能をもっていて，平方数と立法数という考えを通じて幾何学と算術を関係づけ，音楽や音響のうちに内在する数学的比率を認識した．彼はまた，この知識を哲学的問題にも適用して，秩序宇宙（彼が造った新語）には，数学的な法則に基づく構造があると論じた．彼の示した考えによると，天体の位置と動きは，音楽的ハーモニーの比率と類比的である（いわゆる「天体の音楽」）．ピュタゴラスは，数学と哲学を結びつけた最初の人で，デカルト，ライプニッツ，ラッセルを含む，偉大な数学者でもある，卓越した哲学者たちの系列の創始者となった．

ピタゴラスは，音楽のハーモニーに関する数的等式を発見したとしばしば信じられているが，これは，重さの異なるハンマーが金床を打つときに異なった音程を鳴らすのを聞いてだと想定されている

【訳注】ピュタゴラスは調和し合う音に整数比が成り立つという法則を，弦に吊るしたおもりの重さの比から導いたとか，さまざまな伝承があるが，どれも彼の説明の証拠にならないと指摘される．おそらく，一絃琴の駒の位置を変えることが彼の意図を最もよく証明するだろう．調和と対応する整数比とは，具体的には，2：1＝オクターブ，3：2＝五度音程，4：3＝四度音程である．この比率は美しい波形を生むが，音階の中で五度音程とオクターブを両立させようとすると，必ず何らかの調整が必要になる

ギリシア哲学　　17

18 クセノパネス：明証性と真の思わく

　ピュタゴラスと同様に，コロポンのクセノパネスは，イオニア生まれの哲学者で，広く旅をし，長寿だったと言い伝えられるその生涯の殆どを，ギリシアの植民都市を次々に移動して過ごした．彼の宇宙組成論は，湿−乾という，二つの交替する極端を含んでいた．これは，ミレトス学派の空気と水という純粋な構成要素の考え（13，14 頁参照）と，ヘラクレイトスの対立物の理論（16 頁を参照）をうまく組み合わせたものである．しかし，もっと意義深いのは，世界がかつて水に覆われていたという考えを裏づけるために，彼が化石を使用したという事実である．これは，証拠に基づいた議論の最初の一例である．

　クセノパネスはまた，我々が何かを「知っている」と言うとき，その知識は実際には「真の思わく」にすぎないという考えを示したことで，認識論の問題を扱った最初の哲学者だと認められている．その考えは，我々が考察の出発点にするのに十分ふさわしい仮説である．現実についての真実は存在するが，これは常に我々の人間の理解を超えている．我々ができる最善のことは，継続的にそれに近づくことができるように，我々の仮説を洗練させることである．

【訳注】　クセノパネスは諷刺精神に富んだ詩人であった．その批判の眼がホメロスやヘシオドスといった大詩人に向けられて，神話に描かれる，人間のような神々の姿が神にふさわしくないと指摘されるとき，「神＝不死なるもの」「人間＝死すべきもの」という伝統的な見方は哲学的な意味を帯びる．神は死すべきもののような限界を持っていない．人間が神々を人間と同じ姿で思い描くのは，牛馬ですら，描くことができたらするであろうことにすぎない．人間の尊厳は，そのような自己満足にではなく，死すべきものであることを自覚することにある

19 パルメニデス：一元論

　前5世紀の初め頃，哲学の中心はイオニアから南イタリアに，もっと詳しく言えば，ギリシア植民都市のエレアに移った．のちに「エレア学派」となる学派を創設したのはパルメニデスであり，彼は，万物は流転するというヘラクレイトスの考え（16頁参照）に対抗する議論を生み出した．パルメニデスの議論は，「無」については，それが存在すると語ることができないので，それゆえ，無が存在したことも，決してありえないという考えに基づいていた．何であれ，無から生じたということは真ではありえず，どれも常に存在していたし，常に存在することになる．それが無になることもありえないのだから．そうすると，宇宙は，何かで完全に満たされている．その何かとは，単一の存在だとパルメニデスは信じていた．すなわち，すべては一つで，均一で不変で永遠である．この見解は，一元論として知られている．

　しかしながら，パルメニデスはまた，現れの世界があることも，苦心しながら指摘した．つまり，我々が生きている，幻想の世界のことである．現実と知覚のこの区別は，のちの西洋哲学における重要な観念となった．

【訳注】　パルメニデスは，著作を詩の形で書いた．それは，女神が若者に語り聞かせるという舞台設定をもつ．女神が語る真理とは，「ある」ものは「ある」，「あらぬ」ことはないという単純なことだ．そこから，「ある」ものは不生不滅で唯一不動と論じられる．人間は，「ある」と「あらぬ」を安易に結びつける思わくにとらわれているが，女神は，知性の捉えることへの注目と，ロゴス（理）による判断を求める．彼に続く哲学者たちは，知性とロゴスという条件に従って感覚される世界を説明するという課題に取り組むようになる

ギリシア哲学　　19

20 ゼノンのパラドクス

自分の師匠のパルメニデスのように，エレアのゼノン（キティオンのゼノンと混同してはならない：49 頁参照）は，「すべては一つ」であり，変化は不可能だと信じていた．師の議論を支えるために，彼はパラドクスを用いた．それは，論理的には正しいと見えるのに，常識に直面すると霧散するような結論に至る事例である．例えば，飛んでいる矢は，時間のいかなる瞬間においても，ある特定の場所にあるため，動いていないし，時間は継続する瞬間で構成されていて，その瞬間の中では矢に動きがないので，矢は動くことができないと，ゼノンは指摘した．

運動についての別の問題が，アキレスと亀のパラドクスにおいて取り上げられている．一緒に競争をする際に，アキレスは亀に前方でスタートさせ，両者はそれぞれ異なった速度で走り出す．亀が出発した地点にアキレスが到達するとき，亀は少し短い距離だけ先に進んでいる．そこにアキレスが到達するときまでには，亀はさらに少し先に進んでいる．これがずっと続く．だから，アキレスは，亀を追い抜くどころか，追いつくこともけっしてできない．

【訳注】 ゼノンは背理法の元祖と考えられている．「ものが動く」という前提から不合理な結論を導くことで，前提の間違いを示そうとするのである．運動を否定する議論には二通りの場合が考えられていたことが，アリストテレスの説明から知られる．時間が瞬間の寄せ集めである場合には，飛んでいる矢が静止しているという結論が導かれるが，アキレスと亀の議論は，時間も空間も無限に分割可能だという前提に従っている．アキレスが，亀のいた地点に到達するという手続きは，無限回繰り返すことができるのだから

ゼノンによれば，亀は先にスタートさせられれば必ずアキレスに勝つ

21 堆積のパラドクス

　多くの哲学者たちが，パラドクスは，不条理であっても論理的な結論に導いてくれるので，さまざまな考えを明確にする助けになることによって有益であることを知るに至っている．その最もよく知られるものの一つは，クレタ島のエピメニデスと結び付けられる「嘘つきのパラドクス」だ．彼は「クレタ人はいつも嘘つきだ」と主張したのである．あるパラドクスは，論理的に正しくない推論を用いていると示すことができるのに対して，あるものは，論理そのものの欠陥を指摘するものである．一つの例が，「ソリテス（堆積のパラドクス）」（ギリシア語の「ソロス（堆積）」が名前の由来である）だ．一粒の砂は，明らかに砂山ではない．二粒でも，三粒でも．そして，この手続きを続けていくと，1万の砂でも砂山にならないというのだ．

　ここでの問題は，物事が真か偽のどちらかであるという，我々の論理の体系に関係している．砂山であるか砂山ではないかのどちらかで，その中間には何もないのである．このパラドクスの別のバージョンは，禿げかかっている男の例である．しかし，この場合は，少なくとも，さまざまな程度の髪の薄さを認識することができる．「二値」論理の短所は，他の哲学分野でも見られる．例えば，倫理学がそうであって，正しいと間違っているの二項だけで考えるのは単純すぎる可能性がある．

【訳注】　エピメニデスがクレタ人であることから，彼の言う「クレタ人は嘘つきだ」が「嘘つきのパラドクス」の始まりとされるが，厳密に言えば，彼の発言はパラドクスとならない．「私が言っていることは嘘だ」の場合は，それが本当なら，「嘘だ」という内容と矛盾し，嘘なら，「本当である」ことになって，また矛盾する．しかし，「クレタ人はいつも嘘つきだ」とクレタ人が言う場合，それが本当なら自己矛盾になるが，それが嘘なら，クレタ人が嘘をつかないこともあるというだけで，本当だという結論は出てこないからである

ギリシア哲学　　21

22 四つの構成要素（元素）

　宇宙が何でできているのかという問題は，前5世紀のギリシア哲学者たちにとって，依然として大きな関心事だった．エンペドクレスは，シチリア島のアクラガス出まれで，すべては一つの構成要素からできているという，ミレトス派の考え方（13頁参照）の線を継承した．しかし彼は，さらに一歩踏み込んで，土，水，空気，火という四つの異なる構成要素を特定し，それらが異なる割合になって宇宙のあらゆる異なる物質を形成するとした．彼は，パルメニデスの一元論（19頁参照）から出発して自分の考えを発展させ，これらの要素は，パルメニデスの論理に従って，永遠で不変でなければならないと論じたが，何らかの力が構成要素の配合を変えた場合には，変化は可能であると結論づけた．彼は，自分が詩人的に名づけた「愛」と「争い」という二つの相反する物理的な力が，構成要素同士の誘因と分離を引き起こし，物質の構成に変化をもたらすという考えを示した．のちに古典的な四つの構成要素として知られるようになる物質の，彼による分類は，哲学者たちに広く受け入れられ，ルネサンスに至るまでの錬金術の基礎となった．

エンペドクレスの四元素（土，水，火，空気）の概念は，中世まで存続し，この木版画に表される身体，心，魂の三つ組のような，さまざまな思想とともに，錬金術の進歩に影響を与えた

23 デモクリトスとレウキッポス：原子論

　レウキッポスとその弟子のデモクリトスによって提案された物質の理論は，当時は彼らと同世代のエンペドクレスが掲げた四つの構成要素（22頁参照）ほどの影響力はなかったが，振り返ってみると，より現代の科学的理解に近いように見える．彼らが示した考えは，宇宙のあらゆるものは，アトム（原子：ギリシア語のアトモス「不可分のもの」に由来する語）という，微細で不変で，分割できない粒子からできているというものであった．彼らの議論によると，これらは，何もない空間を自由に動き回ることができ，常に構成を変化させながら結合しているという．

　空虚，すなわち何もない空間というようなものがあるという主張は，これらの考えが最初は受け入れられないものと見なされた原因の一つであろう．彼らの理論によれば，原子の数は無限で，違った特徴を持つ異なった種類の原子が，一緒になって形成する物質の属性を決める．原子は不滅であるため，物質が腐敗しても，あるいは人体が腐敗する場合でさえ，それを構成した原子は分散し，他の形を持つように再構成される．

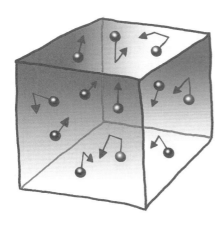

【訳注】 現代の原子は「不可分」ではなく，さまざまな素粒子に分けられるが，古代原子論の現代との違いは，パルメニデスの議論に触発された説明である点にもある．原子はパルメニデスの言う「ある」ものの特徴を受け継ぎ，空虚という「あらぬ」ものの存在を認めることによって，無数の原子が空虚の中を動くことが可能になる．原子は目に見えないが形の差異を持ち，形と向きと配列の違い（A ≠ N, N ≠ Z, AN ≠ NA）によって，原子から構成されたものの性質が異なり，少しの変更で感覚には大きな違いが現れると説明した

ギリシア哲学　　23

24 アテナイの哲学

　前5世紀に，アテナイはギリシア本土における主要なポリス，つまり都市国家として頭角を現わした．そのとき既に，その地方での重要な軍事上・通商上の勢力となっていたが，政治家ソロンが始めた社会的・政治的改革によって，アテナイは紀元前508年に，ある種の民主制を採用するに至った．それに続く繁栄と安全保障が，この都市での文化の隆盛を，とりわけ音楽，演劇，詩といった芸術分野の隆盛を可能にし，ギリシア世界の他の地域から，知識人を引き寄せた．そういった人の中には，イオニアからきたアナクサゴラスや，トラキアのアブデラ出身のプロタゴラスもいて，この都市に哲学の考えを持ち込んだ．

　アテナイは哲学を育むのに適しており，すぐにギリシア哲学の中心になり，歴史全体を通じて最も影響力のある思想家を輩出した．しかし，それ以上に，アテナイの文化的・政治的生活は，哲学の方向性の変化に影響を与え，形而上学的な関心から，道徳的・政治的哲学という，より人間主義的な問題に重点を移していった．

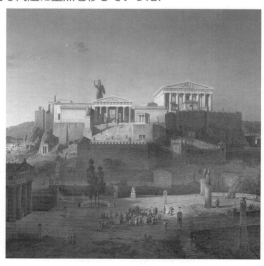

25 ソフィストと相対主義

　アテナイには新しい民主制と並んで，新しい法律制度ができ，それとともに，費用を払えば依頼者のために法廷弁論を行なったり，弁論術や，理屈に訴える議論をどのように行使すべきかを教える，法廷弁論家の部類が登場した．この人たちの中から，ソフィストとして知られる哲学学派が出現した．その代表はプロタゴラスで，道徳の観念を検討するために，それと類似した技法を用いた人である．ソフィストの活動の中心にあるのは，どの議論にも複数の側面があり，それに関係する人々の立場を考慮に入れなければならないという考え（弁護士の立ち位置にとても近いもの）である．

　例えば，アテナイの気候は，アテナイ人にとっては穏やかだが，グリーンランドから来た人には暑いと思われ，エジプトからの訪問者には寒いと思われる．絶対的な真実というものは無く，相対的で主観的な価値しか存在しないという，この考えは，相対主義として知られており，プロタゴラスによって「人間が万物の尺度である」という言葉で要約された．この視点は合理的なものに思えるが，相対主義的なアプローチは，道徳哲学に問題を提起するものである．道徳的に絶対的なものがないというのは本当なのか．

【訳注】　ソフィストとは，教えることを生業とした教師であり，通常，哲学者とは区別される．プロタゴラスの人間尺度説は，プラトンが『テアイテトス』で取り上げたために，哲学的な意味を与えられた．プロディコスというソフィストは，ソクラテスも彼の講義を聞いたことがあり，徳を重視したことと，言葉の意味の区別に敏感だったことが注目される．ゴルギアスが教えたような弁論術は，その目的が説得であるために，真実は二の次にされていると批判されたが，ソフィストは「詭弁家」だというのは偏ったイメージに過ぎない

ギリシア哲学

26 ソクラテスと問答法

　大哲学者であるソクラテスは，ソフィスト活動批判の第一人者だった．彼は，ソフィストたちが知恵をお金で売ることを非難するだけでなく，哲学的な探求は，単に討論に勝つことをではなく，真実を導き出すことを目指すべきだと感じていた．しかし，これは彼がソフィストの議論の，ある技法を取り入れる妨げにはならなかった．彼は，以前の哲学者たちを研究した結果，彼らの推理の方法が，弱くて，思弁に基づいていることを実感していた．

　ソクラテスは，反対の意見をもつ人たちとの対話による理屈っぽい議論を通して，根本的な問題を厳格に検討することに乗り出した．これが，今は問答法として知られる技法である．彼のやり方は，「私は自分が何も知らないということしか知らない」という考えから出発し，個人またはグループとの討論を通して，同意が得られる定義に到達しようとするものである．「正義とは何か」のような，一見単純に見える質問から始めて，彼は，対話相手に容赦なく次の質問を問いかけ，それによって，辻褄の合わない点や矛盾を明るみに出し，思い込みや，慣習的な考えを試練にさらしたが，その目的は，さまざまな洞察を得ることであった．

【訳注】　問答と訳されるギリシア語の dialogos は「対話」とも訳せるが，ソクラテスの場合は問いと答えによって議論を進めるので「問答」と呼ぶのが適切である．彼の問答の出発点におかれる「～とは何か」という問いは，当時の人々にとって馴染みのない問いだった．今日ではよく目にする珍しくない問いであるが，徹底してその問いを追求することは想像以上に難しい．ソクラテスのように，問題をさまざまな観点から捉えることができるか否かが，その成否を左右するであろう

27 ソクラテスと道徳哲学の起源

　ソクラテスが彼以前のほとんどの哲学者たちと異なっていたのは，方法の面だけではなかった．アテナイ政治への積極的な参加者として，彼は，形而上学的な思索が，大部分は人間の生活と無関係であると感じてもいた．そして，彼がソフィストたちを軽蔑していたと言っている（25頁参照）にもかかわらず，ソクラテスは彼らの技法に影響を受けたのと同様，彼らの人間的関心事への専念に影響を受けていた．彼が興味を持ったのは，正義，徳，勇気，そして何より真実といった概念だった．これらは，アテナイの社会構造によって促成された抽象的な観念で，現在我々が道徳哲学の関心ごとと認識するものである．

　アテナイ市民たちとの哲学的な議論の中で，ソクラテスは，これらの概念の定義を求め，問答法的対話と推論によってそれらの特性を絞り込もうとした．彼は，いかなる知識も見解も公言しなかったが，彼の問いかけの流れは，しばしば，その質問の根底にある正・不正についての考えを暗に示していたし，議論の方向を，人々がより道徳的に行動し「よき生」を送ることの手助けになると彼が信じる結論のほうへ導くものだった．

パリのオルセー美術館にある古典的な徳の像

【訳注】 ソフィストの教育内容から，生き方の問題が浮上し，パルメニデスの課題に答えようとした哲学者の議論から，論理や合理性に対する意識も高まったが，その二つを結びつけた人はいなかった．ソクラテスの独創性は，徳を中心にした生き方の問題を，理屈を重視しながら追求したところにある．パルメニデス以後の自然哲学が合理性を重視する点で以前の自然説明より前進したように，ソクラテスの問答法による問題追求は，生き方の哲学を，たんなる人生観や処世術とは異なる，合理性に支えられた哲学に高めた

ギリシア哲学　　27

28 吟味されない生

　ソクラテスは，著作を何も書かなかったし，学派を創設したわけでもなく，少数の支持者のグループ，それも主に若い弟子たちを持っているだけだった．それでも彼は，単に市内を歩き回って人々と議論にふけるだけで，アテナイではよく知られた人物であり，すべての哲学者のなかでも最も偉大な一人と見なされるようになる．しかしながら，当時は誰もが彼の考えを受け入れたわけではなかった．人気のあった劇作家たちが，彼を変人として笑い者にした一方で，支配階級は彼を，伝統的な通念を覆そうとしているという疑いの目で見ていた．彼は時には，たんなるソフィストとして，たんなるプロの討論屋として，片づけられることもあった．しかし最終的には，彼は，若者たちの道徳を墜落させたことと，国家の神々を信じていないことで告発された．裁判で有罪にされた彼は，哲学的探求を放棄すれば死刑判決が避けられるという可能性を与えられたが，そちらではなく，差し出された毒人参を飲むことの方を選択した．そこでの彼の言葉は，「吟味されることのない人生は，生きる価値がない」だった．彼の支持者の一人，若いプラトンは，『ソクラテスの弁明』の中で，彼の裁判と死について，感動的な報告を書き記し，他の著書でソクラテスの考えを後世に書き残した．

【訳注】　プラトン『ソクラテスの弁明』の中でソクラテスは，アテナイを素姓のよい馬にたとえ，自分をそれに付着したアブになぞらえている．その馬はおっとりした性格で居眠りばかりしているので，アブが時々刺して目を覚ましてやる必要があるのだという．彼の問答による吟味は，人々を自分の無知に気づかせて，目覚めた生き方に導くものであった．哲学も，漠然とした知的興味ではなく，無知の自覚に支えられてはじめて深い探求が可能になる

29 幸福：よく生きること

　ソクラテスの絶え間ない問いかけの中心にあったのは，我々がいかに最善の生き方をすべきかという問題だった．正義，徳，名誉，勇気といった言葉の意味することを正確に絞り込もうと努めることで，人々はより正しく，徳にかなった，誉れ高く勇気のある行動をして，よく生きることを学ぶことができると彼は信じた．当然のことながら，これはこれで，「よく生きる」こと，すなわちギリシア哲学者たちがエウダイモニアーと呼んだものを，我々は正確にはどんな意味で言っているかという問題を提起した．

　エウダイモニアーの定義と特性の探求は，ギリシアの道徳哲学の中心的関心事となった．「よき」生とは，幸福な生であるのは明らかのように思われるが，幸福ということを我々は満足という意味で言うのか，それとも身体的快楽という意味なのか．そして，どのような種類の生き方が最大の幸福をもたらすのか．ソクラテスにとって，よく生きることは，快楽や幸福以上のものに関わっており，彼がそれほどまでに詳細に追求した理念そのもの，すなわち正義，名誉，勇気といった，すべての，徳の最も広義の意味における構成部分と見なされたものを含むものであった．

アパルトヘイト撤廃に貢献したネルソン・マンデラ

【訳注】「よく生きる」ことの「よく」の意味は，受けとめる人の価値観によって変わる．ソクラテスが「よく」と言うとき，それは「美しく」とも「正しく」とも言えると説明される．日本語でも「よい」と「正しい」が同じ意味になることはある．ギリシア語「美しい」の対義語「醜い」（アイスクロン）には，「恥ずべき」という意味があった．ソクラテスの「よく生きる」ことの勧めの背景にも，そのような価値観があった．「自分自身に対して恥じることを知れ」と勧めたデモクリトスとも，その点では共通している

ギリシア哲学　29

30 徳と知

プロの法廷弁論家や弁論家であることに加えて，ソフィスト（25 頁参照）たちは，教育者として彼らの討論の腕前をふるった．彼らは，顧客たちを弁論術と議論の点で訓練しただけでなく，倫理学の点でも，今日ライフスタイルコーチが提供するのと似通ったコースで（しかも，似たように裕福で野心的な顧客層に対して）訓練を行なった．彼らが教えたのは，アレテーであって，これは「よさ・優秀さ」と訳せるものだが，個々人がその潜在能力を完全に発揮するという意味を含んでいる．アレテーの観念は，「よく生きる」という概念において中心的な役割を演じており，事実上，ギリシアにおける「徳」の観念と同義である．ソクラテスは，徳による人生を送るには，アレテーとは何かを知らなければならないと考えていたので，徳とは知であるという結論に至った．彼は，徳はよい幸福な生のために，必要かつ十分であると論じた．徳を知らない人は，よき幸福な生を送ることができず，徳を知っている人は，よき幸福な生以外を送ることはできない．彼は「悪を望む者は誰もいない」という，明らかに逆説的な言明で，このことを要約した．徳は知であるために，人が間違ったことをするのは，無知によるのでなければありえないということである．

【訳注】 徳が知であることは，具体的には「徳を知っている人は徳のある人だ」と表現される．これが常識に反していることは，正義を知っているはずの法律家が不正を犯す場合などから明らかであるが，ソクラテスにとっては，そのような例はその人が無知であることを示しているに過ぎない．徳が「よさ」であることを知っていれば，それに反することは行わないのだから．このことは，彼が目指した知の理想の高さを示していると受けとめることもできる

エペソス（現在のトルコ）の図書館跡にあったアレテー（徳の女神）像

31 政治哲学の始まり

　アテナイは,市民(少なくとも,市民のうちの特定の階級)の能動的な参加を要求する民主制の形を確立していたが,おそらくそのために,アテナイの哲学者たちは,道徳哲学の考えをすぐに社会全体に適用し始めた.例えば正義や自由といった徳の概念が,個人にだけでなく,ポリスすなわち都市国家にも関係しているのが見られた.

　この,倫理学の新しい領域は,そういうわけで政治学(「ポリスに関する事柄」)あるいは政治哲学となった.道徳哲学の広義の研究と同様に,ギリシア哲学者にとっての政治哲学の主要な関心は,国家に特有の徳を規定することにあったが,それだけでなく,幸福(エウダイモニアー)の考えも含んでいた.すなわち,最もよくその市民に「よき生」を送ることを可能にするには,社会全体はいかに組織されるべきなのか.その延長線上で,この問題には,国家が統治されうるさまざまな仕方や,国家の法律が作られ,効力を持ちうるための手段,個人と国家の間の関係の検討も含まれた.

アテナイにあるプニクスの丘は,紀元前6世紀にアテナイ人が(その後世界初の民主制へと発展する)民衆の集会を開いた丘である

【訳注】 アテナイの代表的哲学者3人(12頁参照)のうち,ソクラテスは,個人の徳や,よき生について徹底的に追求したが,プラトン『ソクラテスの弁明』によると,政治には関わらなかった.そのソクラテスが現実の政治の抗争に巻き込まれるかたちで裁判にかけられて刑死したことによって,プラトンが,政治と哲学が分離していては人間にとって不幸のやむことはないと考えるに至ったことが,ギリシアにおける本格的な政治哲学の始まりである.国家が個人と同じような徳をもつという見方も,プラトン『国家』が最初と思われる

ギリシア哲学　　31

32 プラトンと「ソクラテス対話篇」

ソクラテス自身は何も著作を書かなかったので,彼の哲学について我々が知ることのほとんどすべては,彼の弟子のプラトンが書いた著作に由来する.幸いにも,プラトンの多産な著作のほぼすべてが現存しており,そのうちの多くにおいてソクラテスは大きな役割を演じている.例えば『ソクラテスの弁明』での,彼の裁判の記述のように(28頁参照),ソクラテスの考えの説明だけでなく,プラトンは彼の師の問答法の考えを活用して,たくさんの哲学的著作を対話形式で著した.これらの大部分のなかで,ソクラテスは主要な登場人物として現れ,他の哲学者や有名人に質問している.

これらの「ソクラテス対話篇」は,しかしながら,我々に難問を提供する.プラトンは彼の作品の登場人物たちに効果的にさまざまな言葉を語らせているが,そうすると,それらの言葉のもとにある哲学のうち,どれだけがソクラテスで,どれだけがプラトンなのか.幸いにも,プラトンは,彼独自の考えを我々がよく知るのに十分なだけ,明らかに彼自身の真作である作品を残してくれた.しかし,ソクラテスの彼に対する影響は莫大であったので,両者を区別することは必ずしもつねに容易であるわけではない.

【訳注】 プラトンの作品が書かれた順番について,昔は大きく意見が分かれていたが,20世紀に,プラトンの文体変化が注目され,統計的な手法で彼の著作の時期が大きく三つに分類されるようになった.このうちの中期に分類される作品が最もプラトンの思想を反映しており,初期のものは比較的ソクラテス的だという,大まかな区別が認められている.ただし,初期の作品にプラトンの考えが入っていない保証はなく,中期の作品にもソクラテス的な特徴は認められる

アテナイ芸術アカデミーのソクラテス像(左)とプラトン像(右)

33 プラトンのイデア論

　問答法的な質問を用いて，ある概念の根本的な本質を確定しようとするソクラテスの方法は，プラトンを彼の最も重要な考えの一つへと向かわせた．すなわち，形相あるいはイデアの理論である．彼もまた，定義を見出すことを求め，ものをまさにそのようなものであるものとしているものが何であるかを見出した．例えば，我々がベッドを見るとき，たとえそれが今までに見たすべてのベッドと異なる点が多くあっても，それをベッドと認識する．プラトンの議論に従えば，我々はベッドの理想的な形相の観念を我々の心のなかにもっている．同様に，円がどんなに下手に描かれていても，我々はそれを円と認識することができるが，それは，完全な円のイデアあるいは形相を（そのようなものは存在し得ないにもかかわらず）我々が心のなかにもっているからである．また，具体的な対象だけでなく，抽象的な概念にもイデアがある．これらの理想的なイデアは，我々の地上の存在から離れた世界に存在するが，我々はそれらについて生まれつき知をもっており，理性的な思考によってその知に到達することができる．これは我々の感覚を通じて獲得できる不完全な知覚と対照的である．

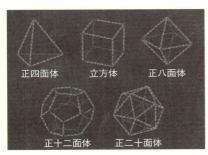

プラトンの立体として知られる対称的な幾何学的形状は，すべてのイデアの中で最も完璧なものに属すると見なされていた

【訳注】この項目には，Idea（イデア）と idea（観念）が（形 [form] と（イデア的な）形相 [Form] も）英語では大文字と小文字で区別されると注記されるが，日本語には当てはまらないので訳出していない．だが，イデアと観念の区別そのものは，イデアの理解にも関わる重要な点である．ここで，「イデアの観念を我々の心のなかにもつ」と言われているように，イデアが直接我々の心のなかにあるわけではない．円のイデアの記述はその点で不正確である．また，プラトン自身は，イデアが「何かのうちにある」ものではないと言っている

ギリシア哲学　33

34 プラトンの洞窟

　プラトンは，彼のイデア論（33頁参照）を具体的なイメージで示すために，学生たちに一つの洞窟を思い描くようにうながす．その洞窟は，太陽の光が届かないほど地下深く，その中には，生まれて以来鎖につながれて，奥の壁しか見ることができないようになっている囚人たちがいる．彼らの後ろには別の壁があって，その背後には火がある．この，最初の壁の手前にある壁の上に沿って，人々がさまざまなものを頭にのせて運んでいき，それらのものの影が囚人たちの目の前の壁に映し出されるようになっている．

　これだけしか囚人たちは見ることがないので，彼らはこれらの影だけが現実のものだと思っているが，もし彼らが自分たちを自由にすることができれば，それらが現実の影にすぎなかったことを認識するだろう，とプラトンは論じる．彼らはまた，最初は光がまぶしいと思うだろうし，もし洞窟の外の世界まで進むことができるとしたら，太陽の光によって一時的に目が見えなくなるだろう．しかし，彼らが洞窟に戻ったときには，その暗さのために見ることができないだろう．イデアの領域と比較したときの我々の世界知覚の幻影的な本性は，これと同様なのである．

【訳注】　プラトンが『国家』の中で語る三つの比喩のうち，「洞窟」の情景が最も印象深いために，引き合いに出されることが最も多く，フランシス・ベーコン（84頁参照）の「四つのイドラ」の一つもこれに依拠している．我々が感覚を通じて認識しているものが真実そのものではないことは，振り向かされるまでは気づかない．プラトンは，ソクラテスの問答法が，我々の思わくの間違いに気づかせ，認識すべきもののほうに精神的な目を向け換えてくれると考えた．彼は，教育とは知を注ぎ込むことではなく，この「向け換え」だとした

34

35 道徳と宗教

　哲学は，物事の合理的な説明を，宗教に頼らずに見つけたいという，人間の願望から発展した．ギリシア社会がどんどん洗練されることによって，神々と，神々の世界への影響力がまだ広く信じられていたにもかかわらず，神々は人間生活からよりかけ離れた存在になったと感じられるようになった．ほとんどの哲学者たちは，宗教が彼らの思考とは無関係だと見ていたが，道徳哲学の出現とともに，神の影響力の問題が再浮上した．

　プラトンは，彼の対話篇『エウテュプロン』で，以下のような質問を投げかけることで，この問題に取り組んだ．「敬虔なものが神々に愛されるのは，敬虔だからなのか，それとも，神々が愛するから敬虔なのか」．言い換えれば，我々の道徳は，宗教によって決められるのか，それとも我々が道徳を自分で考案して，それを我々の宗教に組み入れるのか．プラトンはこの問題にさらに踏み込んで，我々は善と悪の生得概念（彼の用語では，イデアの知）を持っているという考えを示した．倫理観は人間的なものか神から与えられたものかという，この問題は，中世のキリスト教哲学者とイスラム哲学者たちにとって，特別の関心事となった．

【訳注】 真実と思わくの区別が，相対主義的発想と結びつくと，自然本来のあり方を真実として尊重すべきで，人間の慣わしや法律は約束事にすぎないという見方が生まれ，そこから，力こそが正義だという主張さえも現れた．プラトンは，法律や道徳は自然本来的な存在であるイデアに最終的な根拠を持つべきものだと強力に主張した．道徳と神は根本のところで一致し，対立は人間の思わくのレベルでしか生じない．無知な者は，世間的な力を持つ者が偉いと考えて，「神に似ること」から離れた，みじめな生き方をしているという

ギリシア哲学　　35

36 プラトン 対 アリストテレス

　前4世紀の早い時期に，プラトンはアカデメイアとして知られる哲学学校を創設した．彼の生徒の間には，彼のもとで学ぶためにマケドニアからアテナイにやってきたアリストテレスがいた．アリストテレスは，プラトン自身と同等に優秀な思想家であることが判明したが，この両者は，ほとんどこれ以上違いようがないほど異なっていた．プラトンは抽象的な概念について大まかな仕方で考えたのに対して，アリストテレスは，緻密で実際的であった．プラトンの考えはイデアの世界にもとづいていたが，アリストテレスの考えは，もっと地に足がついていた．

　ほとんど例外なく哲学者たちに当てはまることだが，その性格は哲学に取り組む仕方に現れる．プラトンとアリストテレスは，我々がいかにして世界を理解し，その知識を得るかについて，ほとんど真っ向から対立する見方をとっていた．そして，これは19世紀に至るまでの認識論における基本的な学派の区分であり続けた．彼らの不一致にもかかわらず，彼らはお互いに敬意をもちあい，アリストテレスは約20年間プラトンのアカデメイアに留まり，プラトンの死後何年もたってから，ようやく彼自身のアカデメイアに匹敵する学校，リュケイオンを設立した．

【訳注】　アリストテレスが師の見方を批判的に継承することができたことも彼の特質である．イデアを批判したことが，師との違いを目立たせているが，形相の見方は，イデアを，ものに内在する仕方で捉えたものである．思考法のうえでも，出発点から結末に向かう議論と，逆に出発点のほうに向かう議論を明確に区別すべきだという見方をプラトンから学んだと報告しているが，この区別は，経験のうえでの後先と，事柄としての（論理的な）後先の区別など，アリストテレスの重要な視点にも生かされている

ラファエルのフレスコ画『アテナイの学堂』に描かれているアリストテレス（右）とプラトン（左）

37 科学的な観察と分類

　アリストテレスは，熱心な博物学者であったとともに，ほとんど固執的なほどの体系家でもあった．プラトンの死後，彼は何年もの間，小アジアで動植物を研究して過ごした．彼は，さまざまな生物の特徴，類似点と相違点を特定し，最終的には組織立った分類を作り出した．単純な植物や動物から人間に至るまでの階層として表されたことによって，それは，のちに『スカラ・ナトゥラエ（「自然の階層」あるいは「大いなる存在の連鎖」）』として知られるようになる．

　アリストテレスはまた，さまざまな自然学的な学問，「自然哲学」に関心を抱き，同じ方法論的な取り組みを提唱した．すなわち，観察，組織化，そして結論を導き出す合理的な手続きである．これは，以前の哲学者たちが提唱した純粋な推理思考からの根本的な脱却で，世界のあり方を研究する科学的な方法に向かう大きな一歩だった．彼は同じ手法を，自分の哲学全体にも応用し，自分の仕事を体系化し，各分野に分類したが，同時にそれらの結びつきも指摘して，おそらく初めての包括的な哲学体系を構築した．

【訳注】アリストテレス解釈の伝統によって，彼の「体系家」というイメージは強化された一面があり，現代の研究者は，それを補正するために，彼の議論そのものに注意を向けるようになっているが，彼の「著作」の成り立ちも，そのイメージの一因である．プラトンが人に読ませるために公表した作品が現代に伝えられているのに対して，彼が公表した作品は，古代には読まれていたのに，散逸して断片しか残らず，現存している「著作」は概して彼の講義録のようなものである

ギリシア哲学　　37

38 アリストテレス：経験からの知

彼の自然界の研究から，アリストテレスは，我々がいかにして知を獲得するかについて，プラトンの理論とは正反対の理論を導き出した．彼は，自分の動植物についての知は，彼の観察を通じて得られたのだと認識し，すべての知は経験からくると結論づけた．

例えば，彼が犬を見るとき，やって来る犬の形も大きさも千差万別であるのに，それが犬だと認識できる．プラトンは，これはイデアの世界の生得的な知から来ていると説明した（33頁参照）．しかし，アリストテレスは，彼がそれまでに沢山の犬を見て，徐々に彼らの共通の特徴から犬を構成するものの観念を作り上げたから犬と認識できるのだと推理した．すなわち，「犬」の多様な別々の事例から，彼は「犬性」という概念を導き出したということである．同様に，我々は正義や徳といった抽象的な概念を，それらの多様な実例による経験から理解する．したがって，いかなるものの知も，経験的なものである．我々が合理的な思考の手続きを適用できるのは，我々の感覚を通じて何かを経験した後でしかない．

【訳注】帰納法的な論法は，ソクラテスの功績だとアリストテレスは伝え，そのような論法はプラトンの「ソクラテス対話編」に現れている．帰納法は，そのような議論の手続きとしてだけでなく，我々の思考でも用いられる．我々が「人間」の概念を持つときに，個々の人間を見てその共通性を抽出して「人間」という概念を認識するわけではない．千差万別な人間を見ていながら，いつの間にか「人間」と思うようになっている．それを経験によるものと見るか，経験に先立つものによると見るかで，二通りの見方が分かれる

39 論理学と三段論法

あらゆる哲学者と同様に，アリストテレスも，彼の理論を合理的な議論で正当化することを求めた．しかし彼は，初期の哲学者たちの用いた単純な推理では満足せず，ソクラテスによって発展させられた問答法的な方法にすら満足しなかった．その代わりに，彼は二つの言明または「前提」に含まれる情報を用いて結論に達することができる論理体系を提案した．例えば，「すべての人間は可死的である」「ソクラテスは人間である」という前提から，「ソクラテスは可死的である」という結論を導くことができる．

最初の形式論理学の研究において，アリストテレスは，三段論法として知られるこの形式の論理的議論を三つの部分に分けた．大前提，小前提，結論の三つである．これらの部分はそれぞれ，二つの名辞（あるいは項：A，Bなど）からなり，「すべてのAはBである」「あるAはBである」「いかなるAもBではない」「あるAはBではない」といった，さまざまな形式で表された．彼は，分析と分類の才能を活用して，その次に，異なる形式の前提と結論の可能な組み合わせを部類分けし，妥当な議論を表すものと，非妥当なものを特定した．

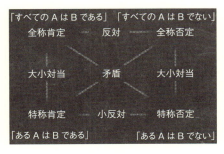

【訳注】 アリストテレスは，三段論法を構成する命題を，四種類に分類した．「すべてのAはBである」という全称肯定命題，「あるAはBである」という特称肯定命題，そして，それらの否定である全称否定命題と特称否定命題の四つである．そこには「ソクラテスは人間である」というような個別命題は含まれていない．彼にとって，学問の対象は普遍であって個別ではなかったのである．なお，論理的には，「ソクラテスは人間である」も，ソクラテスを一つの普遍として扱えば，推論の妥当性は保証される

ギリシア哲学　39

40 四原因と存在の本性

　彼の実践的な気質と，生物学と自然学への関心のために，アリストテレスは，ソクラテスやプラトンがしたほどには，道徳哲学だけに専念しなかった．彼は，我々が周囲の世界の知を得る仕方を検討するだけでなく，何が物事を現にあるようにしたのか，つまり存在の本性について問題をたてた．その「なぜ」を理解するまで，我々は何かについて，いかなる知も得ることができないと，彼は信じていた．「なぜ」というのは，物事はいかにして生じたのか，とりわけ，ある対象や出来事の変化や動きの説明である．アリストテレスは，物事がいかにして生まれたのかの，四つの異なる説明の部類を示した．それを彼は「原因」と呼ぶ．

- 質料因（ものが構成されている材料）
- 形相因（物事の構造，または青写真）
- 作用因（現代の原因の理解に似ている．動きや変化を与えるもの）
- 目的因（物事が何のために起こったか．非常に広い意味でのその目的や目標）

【訳注】 原因を，結果と対応づけて考えると，アリストテレスが言っているものは原因ではないと思われるだろう．この家があることの原因は，大工が建てたことだというのが，通常の因果関係である．だが，この家がこのようなものとしてそこにあるのが「なぜか？」と問われれば，大工の働きも説明に含まれるが，その家の材料，構造，どういう目的に役立つかの説明も必要になる．彼は自然の領域でも同様に4種類の説明が成り立つと考えた．ある生き物の目的とは，それの形相を実現して，生き物としての機能を働かせることである

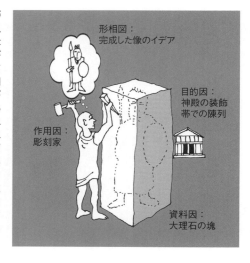

41 『国家』と『政治学』

　プラトンもアリストテレスも，自分の理論を政治哲学にまで拡げて，いかにして最善の社会が組織されうるかを考察した．両者それぞれに異なった仕方で問題にとり組み，異なる結論に達したのは驚くべきことではない．プラトンの『国家』は，彼のいくらか権威主義的な都市国家の構想，すなわち特別な教育を受けた哲人王たちの支配する都市国家の構想を描いた．

　アリストテレスは，彼の『政治学』のなかで，もっと体系的な取り組みを行なった．彼は，「誰が支配するか」（一人の人間か，選ばれた少数者か，民衆か）という基準と，「誰のために支配するか」（自分たちのためか，国家のためか）という基準で分類することによって，可能な支配の形態を分析した．彼は真の国制の三つの形態を，君主制，貴族制，国家体制（あるいは国制的統治）と認定した．これらはすべて，共同の善のために支配されるが，それらが道を誤った場合には，独裁制，寡頭制，民主制になるとした．選択するとしたら，アリストテレスは「国制的統治」が最適な統治形態だと思っていた．そして，道を誤った形態のうちでは，民主制は最も害の少ないものと考えられたのである．

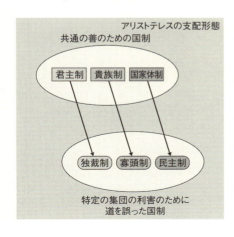

【訳注】「国家体制」（politeia）は，すべての統治形態に当てはまる言葉だが，『政治学』第4巻6章では，「真の体制」がその名前で呼ばれ，民衆が支配権をもち，彼らが，自分たちのためにではなく，国家全体のために統治する体制が考えられている．プラトンは，『政治家』で，単独支配，少数支配，多数支配の3種類の統治形態を，法律に従っているか反しているかで二通りに分け，アリストテレスと類似した6種類の分類を行なった．なお，彼は『国家』で，支配者は被支配者のために統治すべきと言っている

ギリシア哲学

42 倫理学と黄金の中庸

　ソクラテスは，徳のような事柄の本質的な特性を見出そうとする試みの中で，その定義を純化することに大いに腐心した．この探求は，プラトンとアリストテレスの道徳哲学に受け継がれている．しかし，彼らは完全な定義を見出そうとしたように見えながら，あまりに狭く焦点を絞ることになるのを警戒して，それぞれの徳の度合いの目盛りのようなものを考える方を選んだ．

　中庸は，とくにアリストテレスの倫理学に重要な要素だった．彼は徳の度合いのスペクトルを思い描き，と言っても，「善」と「悪い」という両極端の間に広がる色の分布としてではなく，目盛りの中間に最大値があるかたちで考えた．この最大値が，いわゆる「黄金の」中庸である．例えば，勇気は徳の一つと考えられているが，一方の極端に引き寄せられると無謀になり，その反対の極端では臆病になって，どちらも好ましくない特質である．同様に，正義は，厳格さと甘さという両極端をもつと見ることができる．

【訳注】 アリストテレスの「中庸」は，両極端を避けるところに成立するものであるが，いわば目盛りの真ん中を意味するわけではなく，最も適切な程度が存在する．その程度がどれ位であるかを示さなければ，医師が薬の量を指示しなければならないときに「適量だけ飲みなさい」と言うのと変わりはない．そこで彼は，中庸の程度を規定するために，実践的な知恵の存在が必要だと考えた．徳と知は，簡単に切り離されるものではないとも言える

海と空の中間を飛ぶようにとの助言を無視したイカロスは，高すぎるところを飛ぶ誘惑に負けた．太陽の熱が彼の翼の蝋を溶かし，彼は墜死した

43 美

　ソクラテスと彼の後継者たちが定義しようと求めたのは徳だけではなかった．彼の一見単純に見える問いの一つは，「美とは何か」であった．これは美学という領域（8頁参照）の出発点である．徳と同様に，美しいものの個々の事例を認識することは比較的容易だが，美そのものを突きとめるのはそれほど簡単ではない．

　しかし，古典期のギリシア人たちには，ある共通の特徴が特定できた．とくに，比率，対称性，釣り合い，調和がそうである．これらは，ピュタゴラスの音の調和と比率に起源を持つ数学への関心だけでなく，アリストテレス倫理学の「黄金の中庸」（42頁参照）の考えをも反映している．だが，美の定義を求めるなかで，他の問題も生じた．これらの基準は普遍的なものか，それとも，美は見る人の目の中にあって，たんなる好みの問題なのか．何かが美しいのは，我々がそれを美しいと思うからなのか，それとも，それを美しくさせている何かがそこに内在しているのか．また，我々が自然のうちに見いだす美と，芸術作品の人工的な美の間には違いがあるのか．

【訳注】ソクラテスが「美とは何か」と問うときには，あらゆる美しいものに当てはまる説明を求めている．したがって，特定の美しいものに当てはまっても，別種の美しいものには当てはまらないものは，正しい説明とはならない．調和のとれた比率も，ある種の美しさの説明にはなるが，調和している構成部分の美しさを説明するものにはならない．プラトンは，特定の美しいものに内在する美しさは，ソクラテスの求めている美とは異なると考えた

ギリシア哲学　43

44 芸術作品の評価

　ギリシア文化は，古典期に花盛りであった．アテナイの大哲学者たちの時代に，ギリシア文化は，詩や劇，音楽，建築，美術の偉大な作品を生み出した．みんながみんなその優秀さを認識したわけではない．しかし，例えばプラトンは，すべての芸術作品を美と善の理想的イデアの，雑念に導く貧弱な模倣として警戒した．だが，そうすると，我々はいかにして芸術作品を評価したらいいのか．もし我々が単純にそれを好みの問題だとみなすなら，我々は，我々の感情的な反応を客観的な査定と混同する，すなわち，「感情の誤謬」におちいるリスクを冒すことになる．芸術のうちに意味を探すことも，それと同様に判断を誤らせる可能性がある．我々は当の芸術家の意図を見出そうとしながら，その意図が，その芸術家の作品に対する我々の評価と食い違うこともありうるのである．例えば，ワーグナーの場合，彼の不快な人種差別や傲慢な性格が，彼の音楽の価値を減少させるだろうか，それともこれは「意図の誤謬」の一例であるのだろうか．現代芸術は，しばしば我々の狭い定義からはみ出すし，偽造や複製は，芸術家の役割に対する我々の認識の真価を問う．そこには，「芸術とは何か」という永遠の問いが提起されているのである．

【訳注】　芸術という概念に近いギリシア語として「ムーシケー」がある．ムーサイ（学問・芸術の女神ムーサの複数形）の技術という意味で，詩歌や音楽を中心にさまざまな学問・芸術の総称になっていた．近代語の music などの語源となっていて，とくに音楽を指す用法が古代にもあったが，例えばプラトンが「哲学は最も重要なムーシケーだ」と書いたように，全般的な意味は維持され，人を表す形容詞形「ムーシコス」は「教養のある人」といった意味で使われた

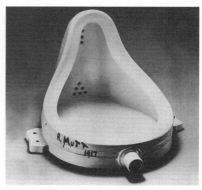

マルセル・デュシャン「泉」（1917 年）

45 キュニコイ：ディオゲネス

　ソクラテス，プラトン，アリストテレスの三人の成し遂げた偉業は，後世にも真似のできるようなものではなかった．彼らの後で，ギリシア哲学はすぐに四つの思想学派に分かれた．キュニコイ（犬儒学派），懐疑派，エピクロス派，ストア派である．キュニコイは，シノペのディオゲネスの思想と常軌を逸した生き方に従っていた．ディオゲネスは，徳についての因習的な考えを拒否するソクラテスの考え方を受け継いで極端なものにしたのである．ディオゲネスは，富や権力や名誉への欲求を，人が「よく」幸福に生きることを妨げる，徳の邪魔になるものとみなした．それに代えて，彼は，物質的な持ち物から自由になって人間の本性と調和する，単純な生を提唱した．これは，たんなる哲学的な心構えではなかった．ディオゲネスは，ボロをまとい，食べ物をあさりながら，社会的な慣習や礼儀を無視して，捨てられた陶製の樽以外の家をもたずに，アテナイの路上で生活した．ソクラテスのように，彼はよくアテナイの市民たちに話しかけたが，その態度はもっと批判的であった．彼は「正直な人を見つける助けになるように」昼でもランプを持ち歩いていたと言われる．彼は，その生活スタイルゆえに「犬」というあだ名をつけられ，キュニコス（犬的な人：キュニコイはその複数形）という言葉が，彼の創始した哲学学派の名前とされた．

【訳注】　三人の大哲学者以後の古代哲学の歴史は，学派単位で語られるのが通例となる．それらの学派の中に，プラトンの後継者や，アリストテレス哲学の継承者（ペリパトス学派）も含めなければ，穴だらけの歴史になろう．それらの間でキュニコイは，比較的マイナーな存在であり，ディオゲネスは，ソクラテスの弟子のアンティステネスの弟子であるが，ストア派の創始者ゼノンが学んだ師の一人クラテスの師の位置にあって，彼の思想よりも，奇矯な行動の方が人の目を引く

ギリシア哲学　　45

46 懐疑主義者：ピュロンと彼の後継者たち

　さまざまな想定が問題にされることは，哲学的探求の本性であるが，ピュロンと彼の後継者たち，つまり懐疑主義者たちは，彼らの哲学の中心的な原理を疑問に付した．プラトンのように，彼らは人間の感覚が信頼できないものだと信じていて，それゆえに，我々は物事がいかなるあり方をしているかを知ることはできず，どのように現れているかしかわからないと考えた．したがって，ある主張に対して我々がもっているいかなる証拠も，それが我々の感覚に由来する以上，同様に信用がならない．これは，仮説が間違っているという意味ではなく，間違っていることも，正しいことも，どちらもありうるということである．論理的な議論のかたちにすれば，このことは，前提が真であることが疑われていて，他の前提に基づいた議論によってしか確証されないが，その前提も不確かであり，これは無限にさかのぼられる．つまり，究極的な確かさはありえないのである．したがって，彼らの推理したところでは，あらゆる主張に対して，同等の正当性をもった，全く矛盾対立する主張を立てることができる．懐疑主義は，相対主義の極端なかたちと見ることができ，その最も純粋なかたちでは，いかなる哲学的議論の妥当性も否定する．それにもかかわらず，懐疑主義は，とりわけ20世紀の科学哲学と，論理を基礎とする哲学に，強い影響力をもつことになる．

【訳注】　懐疑主義は，不可知論（真実は知ることができないという立場）と混同されるが，古代の懐疑主義は，不可知論も含めた，あらゆる断定を避けるところに特徴がある．ある主張には対立する主張が成り立ち，どちらとも断定することができなくて判断保留（エポケー）に至り，その人には平静な心境が生じるという．どちらとも決めることができなければ行為することもできなくなるという批判に対しては，ピュロン主義者は「現れ」で答えた．蜂蜜が甘いと断定することはしないが，甘いと現れることは否定しないというのである

47 エピクロス派

エピキュリアンという言葉の現代的な（享楽的なという）意味にもかかわらず，哲学のエピクロス派（エピキュリアン）には，たんなる快楽主義以上の意味があった．この派の創始者エピクロスは，「よく生きること」を満足と幸福の追求だとみなしていたけれども，彼が人生の目的と考えたのは，心の平安と，恐れからの，とりわけ心が奪われる死への恐怖からの，解放であった．エピクロス哲学は，あらゆる物質が，我々の身体も含めて，分解不能な原子からできているという考えに基礎をおいていた．我々が死ぬ時，これらの原子は散乱して，別のところで再び形成される．これが我々の物理的存在の終わりであり，我々の意識の終わりであるので，身体的苦痛と感情的苦痛両方の終わりでもある．それゆえ，死は少しも恐れるべきものではなく，我々は存在しない死後の生を恐れることなく，生を楽しむことに集中すべきである．エピクロスはさらに一歩を進めて，神々の関与を疑問視し，恵みを与えてくれる神の存在すら疑問に付した（ただし，神の存在を真っ向から否定することは，厄介な状況を招くだろうから避けたが）．そのため，エピクロス主義は，後のキリスト教哲学や，それに続くイスラム哲学によって抑圧されることが避けられない結果になったが，その原理の多くは，近代の科学的人間主義や，自由主義的人間主義のなかに再び現れた．

> Death ... is nothing to us, seeing that, when we are, death is not come, and, when death is come, we are not.
> (Epicurus)

死は我々にとって何ものでもない．なぜなら，我々が存在する時には，死はまだ訪れていないのであり，死が訪れた時には我々は存在しないのだから（エピクロス）

【訳注】エピクロスの快楽主義の特徴は，享楽的な快楽を目的としないところにあった．とことん快楽を求めることは，彼が目的とする心の平安（アタラクシアー：平静な心境）を妨げるからである．そのような見方から，彼は欲求の間に区別をつけて，生きていく上で不可欠な欲求と，有益な欲求だけを追求し，そうでないものは厳しくしりぞけるようにと説いた．ある種の欲求を禁じるという意味では禁欲的な態度である．快楽主義と禁欲主義は対立する立場であるというような，公式のような理解はできないことを示す事例でもある

48 不死なる魂

　エピクロスは，おそらく人間が不死なる魂をもっていることを断定的に否定した最初の哲学者であった．原子論（23 頁参照）を前提に考えることで，彼はあらゆるものが原子から構成されていると考えただけでなく，その他には何もないとも信じた．つまり，あらゆるものは物質的で，我々の身体的な死は我々の存在の終わりだと考えたのである．これは少数派の意見であったし，その後もそうあり続けた．

　啓蒙の時代まで，大部分の哲学者たちは，感覚と理性は，それぞれ身体と魂に座を占めていて，別々のものだという見方をとっていた．プラトンは，イデアの世界の生得的な知に魂の不死性の証拠があると見ていた．その知は，以前の存在から記憶されているという考えを，彼は示唆した．アリストテレスもまた，我々は，身体が死ぬとき消滅する感覚を通じて知を得るにもかかわらず，魂が我々の思考を司っており，身体なしにも存在できると論じた．魂は非物質的であるので，滅びることはありえず，それゆえ不死だという．不死の魂を信じることは，ほとんどの宗教にとって不可欠であり，東洋哲学の根本理念であった．

【訳注】　エピクロスの原子論と元祖原子論の間には無視できない違いがある．デモクリトスの原子は，パルメニデスの「ある」ものが，空虚によって隔てられて多数ある（23 頁訳注参照）ものであって，彼はそれを「物体」とは呼ばなかった．アリストテレスが原子を「不可分の物体」と説明したあとのエピクロスにとって，原子は物体以外の何ものでもない．彼の考えでは，魂は身体全体に行きわたった微細な部分からなる物体で，全体が解体するときには魂も解体するので，我々の意識と死は出会うことがない

㊾ ストア派：ローマ帝国の哲学

　古代ギリシアに出現した最後の哲学学派であるストア派は，キュニコイによって提案された，徳が単純さと人間本性のうちにあるという考えから進化発展した．ストア派の創始者，キティオンのゼノン（エレアのゼノン［20頁参照］と混同しないように）は，自然が唯一の実在であって，我々はその一部であると説いた．我々の理性的な能力を用いて，我々の思い通りにならない物事を受け入れるすべを，また，我々の破滅的な情念を制御するすべを学ばなければならない．「よく生きる」という幸福を確保するには，徳だけで十分であり，徳の知をもって，徳に従った生を送る人は誰でも，その人に降りかかるいかなる不運によっても影響されることはない．ストア哲学の発展は，ギリシアの政治的・文化的影響力が衰退して，ローマの勢力が興隆するのと時を同じくしていた．ローマ人たちは，それまでは哲学に対する熱心さで知られているわけではなかったが，ストア哲学が彼ら自身の倫理文化に心地よくなじむのを見出した．そして，これがローマ帝国の支配的な哲学となって，セネカやエピクテトス，そしてマルクス・アウレリウスを含む思想家たちに採用された．

65年，皇帝ネロに自殺を命じられたストア派哲学者セネカは，最期を彼らしく静かに迎えた

【訳注】　エピクロスと同時期の哲学者，ゼノンから始まる学派は，のちのローマ帝国時代のストア派と対比されて初期ストア派と呼ばれる．この学派は，クリュシッポスによって最盛期を迎え，彼はアリストテレスとは違うタイプの形式論理学（5頁訳注参照）も構築した．彼は，原因と結果の連鎖の必然性を宿命と表現したが，人間の意志の自由は宿命によって否定されないという見方を示した．我々の自由にならないものと，自由になるものを区別して，徳は後者に属すという考えは，ローマ時代のストア派によって強調される

ギリシア哲学　　49

東洋哲学

50 東洋哲学

　ごく最近まで，西洋哲学は中国やインドの伝統とは独立して発展してきた．宗教と哲学の区分は，東洋ではそれほど鮮明ではなかった．そこでは，ある宗教への帰依が，その宗教の道徳哲学を受け入れることを含んでおり，哲学は，宗教的な，そうではないとしても少なくとも根拠づけられていない，形而上学的な説明への信仰を前提としていた．最初の偉大な東洋哲学者たち，例えば中国における老子や孔子，インドにおけるゴータマ・シッダールタは，大まかに言って，最初のギリシア哲学者たちと同時代人だが，彼らの道徳に対する強調は，アテナイの哲学を先取りするものであった．いくつかの観点で，彼らの結論は驚くほど似ていたが，キリスト教の到来とともに，東洋と西洋の哲学は類似点よりも相違性が目立つようになった．19世紀になって，幾人かの西洋哲学者たちが，インドの宗教と哲学を「発見」し，とりわけドイツの観念論との類似性を認識した．もっと近頃には，東洋哲学の宗教的側面のほうが前面に押し出され，東洋の哲学的思考は，西洋の影響のもとに置かれるようになった．

【訳注】哲学（知を愛すること）という言葉がギリシア発祥であることは，ギリシア哲学の「知ることのために知を求める」という傾向を反映している．古代インドや中国の思想もまた，さまざまな観点から知を追求する営みとして，ギリシアの哲学と共通性を持ち，世界の成り立ちや，人間の生き方について，さまざまな見解を示した．それらの違いを比較するには，それぞれの哲学がどのような問題意識のもとで追求されたかに着目する必要がある

風水の考え方の原点ともいえる「太陰太極図」

50

51 道教・老荘思想

　前6世紀中国の諸王国にとって一番の関心事は，伝統的な宗教思想を反映させた統治システムを確立することであった．市民としての責任をもった学者階級が興隆してきたが，その中に老子もいた．彼は社会的・政治的組織の土台となる包括的な道徳哲学を提案した．その世界観は，その後老荘思想として知られるようになった．老子は，常に変化する世界は，相補的な二つのあり方から成り立っていると考えた．例えば，明暗，昼夜，生死などであって，そのそれぞれは円環的な仕方で相互に生起し，永遠的な調和と均衡を保つと考えられた．これら「万物」は，「タオ（道）」として知られる変化の過程から現れる．タオは「無」によって特徴づけられ，人間の理解を超えたものである．我々がこの「道」を外れて，欲求や野望や社会的因習に屈すると，宇宙の均衡を乱すことになる．「道」に従って生きるためには，我々は「無為」の生，自然と調和する単純で静穏な生を採用して，洞察をもって思慮深く振る舞わなければならず，衝動的に振る舞ってはならないのである．

漢字の「道」は，道教の象徴として使われる

【訳注】Daoismは道教と訳される言葉だが，哲学の観点からは，老子や荘子の「道家」の思想が，その基礎となっている．しかし，歴史的には，神仙思想や陰陽五行説などさまざまな思想を取り入れたため，全体像を捉えるのは容易ではない．日本では，人間の作為を避けて，ありのままの自然に従う思想として，「上善は水のごとし」とか「無用の用」「胡蝶の夢」のような言葉とともに親しまれている．湯川秀樹のような物理学者にもインスピレーションを与えた思想としても注目された

東洋哲学　　51

52 儒教・儒家の思想

西洋では Confucius（孔夫子）として知られる孔子は，老子よりすぐ後の世代に属していた．そして，宮廷の文書役人としての自分の器量について，彼の助言を求めたかもしれない．老子が道徳哲学の概略を述べたのに対し，孔子は安定した正しい統治機関を可能にするような政治構造を提供することに関心があった．これは，彼が論じるところでは，徳と仁愛にもとづくべきものだが，彼は因習的な通念に反して，道徳的なよさは神から与えられたものではなく，いかなる特定の社会階層に限定されてもいないと考えた．むしろ，徳は涵養できるものであり，模範となって人々を導くのが支配階級の役割であると彼は考えた．君子，すなわち「優れた人」は，自分の徳を明らかにすることによって，他の人びとに徳を鼓吹することになり，これは，儀礼や儀式，対人的作法によって強化できる．このことは，信義が指導原理であるような階級社会によって最も効果的に達成できるであろう．すなわち，支配者は仁義の心をもつべきであり，その引き換えに，臣下は忠義を示すことになる．孔子はこの相互的な信義を他の関係にも拡張する．例えば，子どもを愛する親と，親に従順な子の間に，兄弟の間に，友人同士や同僚の間に．

【訳注】 孔子が周に行ったとき，礼について老子に教えを受けようとしたエピソードは，司馬遷『史記』の「老子韓非列伝」に述べられているが，これが史実を反映しているかは疑わしい．老子に比べて孔子の人物像ははるかに明瞭である．儒教は孔子を創始者とする思想と信仰の結びついたものであるが，日本では儒学というかたちで，思想・学問として受け入れられた．とくに孔子の弟子が編集した『論語』は，儒学者以外にも読まれて親しまれた

53 黄金律

　相互に尊重し合うことが，人間関係のお手本になるという考えが，孔子の道徳哲学にとって中心となっている（52頁参照）．彼はまた，我々の他者に対する振る舞いのための指針としても，互恵性を提唱した．「おのれの欲せざる所は人に施すことなかれ」と．興味深いことに，孔子はこの「互恵性の倫理」を（多くの東洋の宗教と同様に）否定形で言い表している．それは，行為よりむしろ抑制を含意している．それに対して，西洋では肯定形の「君は自分がしてほしいことを他者にしなさい」の方が一般に普及している．どちらの形をとるにせよ，この寸言は，ほとんどすべての大宗教の特徴となってきたし，多くの道徳哲学者たちによって述べられてきた．それが普遍的に受け入れられてきたために，それは「黄金律」として知られるに至ったのである．

　この概念は，倫理学の考えの根本となっているだけでなく，政治哲学に対しても意味をもつ．この原理を統治のシステムの中に組み込むことによって，統治規則がどこまで市民の生活に影響を与えるべきか，つまり，その統治が権威主義的であるべきか，自由主義的であるべきかという問題が提起される．

【訳注】「黄金律」という形容は，もともと『新約聖書』の「山上の垂訓」での教えにつけられたものである．肯定形も否定形も，他者への配慮を説く点では共通しているが，欲すること・欲しないことが万人に共通でないことから，肯定形は「自分の欲すること」を他者に押しつけることになるのではないかという懸念が指摘される．否定形で表現された場合でも，自分がされたくないことでなければ他者に何をしてもいいのかという疑問が残る．結局は，他者への望ましい配慮とは何かという問題を考えざるをえなくなるだろう

東洋哲学　　53

54 輪廻・法・業・解脱

　初期インド文明のなかで，沢山の異なる宗教的伝統が興ったが，そのほとんどが，いくつかの概念を共通にもっていた．現在ではひとまとめにしてヒンズー教として認識されているが，これらの宗教は，輪廻を信じるという共通性をもっていた．輪廻とは，生誕，生，死，再生という循環で，サンサーラと呼ばれた．この信念には，この循環からの解放が，よき生を送ることにより達成されうるという信念が一緒になっていた．その結果，道徳哲学が宗教の本質的な部分となっていたのである．

　不死の魂（アートマン）は，カルマ（業＝ごう）に従って，さまざまな形をとって生まれ変わる．業とは，宇宙を支配して行為と応報を決定する道徳的な法である．人生の究極的な目的はモクシャ，すなわち生誕と生まれ変わりの循環からの解放であるが，それは，神への献身によるだけでなく，業の知によっても，とりわけダルマ（法）すなわち適切な行為によっても，達成される．よき生を送るために必要な義務や倫理としてのダルマの概念は，多くの点でギリシアの哲学者たちの道徳哲学に類似した，完結した道徳哲学を生み出したが，宇宙に対する宗教的な説明と切り離せない仕方で結びついている．

【訳注】仏教の法輪（ダルマ・チャクラ）は，ブッダの悟りを象徴し，8本の車幅は八正道を表す．現在のインド国旗の中央には，24本の車幅をもつアショーカ・チャクラが描かれている（アショーカは，仏教を守護した古代インドの王）．日本人にとっては，仏教とヒンズー教は無縁のものと見えるが，仏教が布教される過程でインドの神々が仏教の守護神として取り込まれ，仏教とともに伝来した．毘沙門天や帝釈天など，「〜天」の名で呼ばれる神はほとんどがインド起源である

インド宗教のダルマチャクラ，「生の輪」は，悟りへの道であるダルマを象徴している

55 仏 教

　ゴータマ・シッダールタは，のちにブッダとして知られるようになるが，紀元前6世紀にインドに生まれ，生と再生の循環を信じる宗教的な伝統の中で育てられた．彼は，安楽な生活背景を捨て，この循環からの解放を求めて禁欲的な生き方を実践したが，これもまた充足の生にはつながらないことを認識した．彼は考えて，感覚的快楽と禁欲主義という両極端の間に「中道」があると結論づけた（黄金の中庸という考えを先取りして．42頁参照）．生は充足されない欲求によって引き起こされる苦しみという特徴をもっている．我々がこの苦を回避できるのは，我々の自我を克服して，世間的な権力や財産への「執着」を捨てることによってである．彼はこの考えを「四聖諦」のかたちでまとめた．すなわち，苦について，苦の起源について，苦の終結について，そして苦を終わらせるための「八正道」についての真実ということである．この「八正道」（正見，生思惟，生語，生業，正命，正精進，正念，正定）に従うことによって，我々は充足の生を送って，転生の循環から逃れて涅槃（ニルヴァーナ）の境地に達することができるのである．

【訳注】　日本に伝わった仏教は「大乗仏教」と呼ばれるもので，出家者だけでなく在家信者も含めた「一切衆生」の救いをめざし，ブッダが自らの悟りを広く伝えようとしたことにならって，他者の救済を優先する行ないを重視する点に特徴がある．根本的な教えは，ブッダの説いたものに依拠するが，「空」などの新たな観点が加えられている．道徳哲学面では，利他的行動の推奨などにおいて，日本人の行動様式に，意識されている以上の影響が見られる．なお，本文中の「八正道」の順番は，原著どおりではなく，伝統的な並べ方に従った

東洋哲学

56 キリスト教と哲学

　キリスト教会の教説は，中世ヨーロッパの哲学を支配していた．とりわけその初期には，哲学的な理由づけはそれほど重んじられず，信仰と権威のほうに，より重点がおかれていた．哲学は疑惑の目で見られ，ギリシア哲学者たちの考えは，最初はキリスト教の信仰と相容れないものとみなされた．教会は学問研究を事実上独占していたが，幾人かのキリスト教思想家がギリシア哲学の要素を，とりわけプラトンとアリストテレスの要素を導入した．教会当局によって入念に検討された後で，これらの要素の多くは徐々にキリスト教の教説のなかに組み込まれていった．ローマ帝国の滅亡から15世紀に至るまで，独特なキリスト教哲学が発展してきた．その始まりはアウグスティヌスであり，トマス・アクィナスの包括的な哲学でその頂点に達した．しかしながら，ルネサンスとともに，教会の権威は，とくに教皇権は，人間主義的見解の復興によって，真価を問われることになった．さまざまな科学的発見が，中核となる信仰に異をとなえ，印刷術の発明は，教会がもはや情報を得る手段を統制することができなくなったことを意味した．

【訳注】 キリスト教の聖典である『新約聖書』はギリシア語で書かれている．ちなみに，『旧約聖書』はユダヤ人だけの聖典なのでヘブライ語で書かれていたが，前3世紀にギリシア語に訳された（七十人訳）背景には，ヘレニズム時代にギリシア語で読みたいユダヤ人が増えていたという事情がある．『新約』がギリシア語で書かれる際にも，ギリシア哲学を含むギリシア文化が何らかの影響を与えていた．そのことが，アウグスティヌスの経験（57頁参照）の伏線としてある

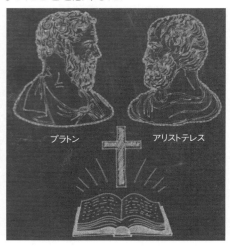

57 信仰と理性の調停

　最初の重要なキリスト教哲学者は，ヒッポのアウグスティヌスであった．彼の母はキリスト教徒であったが，彼は最初，信仰を拒否して哲学を研究し，少しの間ペルシアのマニ教にうつつを抜かした．彼がキリスト教に改心したのは，ようやく，ギリシア哲学を徹底的に研究してからのことである．彼が研究したのは，とりわけプラトンと，プロティノスの説いた「新プラトン主義」であった．驚くべきことではないが，彼のキリスト教への接近の仕方は，彼の哲学によって色づけられていた．彼は，その両者が矛盾するものではないと考えたのである．すなわち，キリスト教は信仰によって特徴づけられ，哲学は理性的思考に特徴があるが，彼が論じたところでは，信仰と理性は両立しうるだけでなく，補い合うものでもある．キリスト教は，その中心的な信条のどれとも矛盾することなしに，プラトンの哲学を吸収することができるという考えを示して，キリスト教神学のために理性的な土台を提供しようとした．彼の活動は，ローマ帝国が公的な宗教としてキリスト教を採用するのと時を同じくしていて，彼は『神の国』という著書のなかで，地上の共同体の市民でありつつ，同時に神の王国という永遠的で真の世界のなかで生きることが，いかにして可能であるかを説明した．これは，プラトン主義から取り入れた考えである．

聖アウグスティヌスは西洋哲学の歴史とキリスト教の発展の両方において重要な人物であった

【訳注】　3世紀の哲学者プロティノスを創始者とする新プラトン主義は，プラトンの哲学を継承しつつ，アリストテレスやストア派などの概念や説明法も取り入れた，ある意味では西洋古代哲学の集大成と言える思想潮流である．キリスト教に影響を与えただけでなく，ペルシアやアラビアの哲学者たちにも影響を与え，ルネサンスにはラテン語に訳されて読まれるなど，歴史の重要な連環の役割を果たしたことは無視できない

キリスト教と哲学

58 神の存在：目的論的論証

中世のキリスト教に繰り返し現れてくる関心の一つは，神の存在に哲学的・理性的な証明がありうるかどうかということであった．教会に属する多くの人は，このことを信仰の問題だと考えたが，哲学を宗教のなかに取り込んだことによって，理性的な正当化がうながされることになった．神の存在のためにいくつもの議論が提案されたが，そのなかには神の意図の議論，つまり目的論的論証が含まれていた（目的論 teleology は，ギリシア語の telos「目的」に由来する）．その理由づけはこうである．我々が周囲の世界に目を向けるなら，秩序の証拠となるものが見えてくる．あらゆるものが，あたかもある目的のために意図されたかのように見えるし，もしあらゆるものが意図によるものであるなら，意図して作るものがいたはずである．すなわち，それが神である．この議論は，プラトンやアリストテレスの考えから展開されたものであるが，アウグスティヌスやトマス・アクィナスといったキリスト教哲学者だけでなく，イスラムの哲学者のアヴェロエスの作品の中にも現れている（77頁参照）．のちの哲学者たちは，目的という考えを疑問視して，それを原因に置き換えることによって，この議論に異を唱えたのに対して，科学の発展，とりわけ進化の理論は，その議論を反駁することに手を貸した．

ウィリアム・ブレイクの「日の老いたる者」は，神を宇宙の全能の建築家として描く

59 悪の問題

　キリスト教哲学者たちは，神の存在を証明するために合理的な議論を見つけようとしただけではなく，反対の議論にも対処しなければならなかった．最も強力だったのが，エピクロスによって提示された悪の存在の問題である．「エピクロスのパラドクス」のなかで彼は，「神は悪を防ぐ意思はあるが，できないのか．そうであるなら，彼は全能ではない．防ぐことはできるが，その意思はないのか．その場合には，彼は悪意のある者である．防ぐことができるし，その意思もあるか．そうであるなら，なぜ世界に悪は存在するのか．防ぐ能力も意思もないのか．そうであるなら，なぜ彼を神と呼ぶのか」と言った．

　アウグスティヌスは，このパラドクスに取り組んだ最初のキリスト教哲学者だが，神は，正しいことをするか間違ったことをするかの選択の自由を，我々に与えていると論じた．神はあらゆる存在するものを創ったが，彼は悪を作らなかった．なぜなら，悪とはものではなく，欠如，すなわち善の欠乏であるからだ．この善の欠乏は，アダムが知恵の木の実を食べることを選んだ時に我々に与えられた，人間の合理性の結果として現れたものである．したがって，悪は神が我々に自由意志を許すために支払う代償である．しかし，このことはまた，神が全知であることへのさらなる疑問を投げかけるのである．

ジョン・ミルトンの『失楽園』は，堕天使サタンの物語を通して悪と自由意志の概念を探求している

【訳注】エピクロスのパラドクスと呼ばれる議論は，エピクロスの残存する著作には見られず，3〜4世紀のキリスト教思想家ラクタンティウスがエピクロスの議論として紹介し，ヒューム（108頁参照）によって有名になったものである．エピクロス自身の神についての考えは，神は存在するが人間に対して関心をもたないというものであるので，このパラドクスは彼のものではなく，彼を無神論者の代表と見なしてその名前を冠したものと考えられる

キリスト教と哲学　　59

60 自由意志と決定論

　キリスト教の信念によれば，神は，アダムに禁断の果実を食べるかどうかの自由を与えた．神は全能であるにもかかわらず，我々が行動を決める自由意志を与えたという．しかし，神はまた全知でもある．そして，我々が何をすることになるか知っているならば，我々の行動はあらかじめ運命づけられているにちがいないので，どうして我々に自由意志があると言えるのか．初期のキリスト教哲学者ボエティウスは，その問いに，未来の行動についての神の知は，我々が自由に選択をすることを防げないと答えた．神は予見するが，我々の思考や行動を制御することはないというのである．

　この問題は，哲学者たちの心を奪い続けてきた．一方には，決定論，すなわち，すべての出来事は，他に何ごとも起こり得なくなるような条件によって決まっているという考えがあり，他方には，自由意志論，すなわち，我々には行動を選ぶ自由があるという考えがあって，自由意志と決定論は相容れない．これらの間のどこかに，我々の選択肢は決定されているが，我々の決断は我々自身のものだと考えている人たちもいる．我々は，配られた持ち札を自由に使うことができるということである．

【訳注】エピクロスは，原子の動きが規則的に決まっていれば自由意志が不可能になると考えて，原子が時折本来の軌道から逸脱した動きをすると考えた．ストア派の宿命論（49頁訳注参照）は決定論と解釈され，自由意志との両立の可能性が問題になった．ニュートンの物理法則が確立されると，すべての物体の運動を計算し予測することができるデーモンを想定することで，新たなタイプの決定論が成立すると考えられるようになり，そこから自由についての新たな議論も始まった

61 『哲学の慰め』

524年頃，ボエティウスは，自由意志の問題（60頁参照）についての彼の考えを，著書『哲学の慰め』に記した．これは彼が反逆罪に問われて，牢獄で死刑執行を待つ間に書いたものである．彼は自分の考えを，擬人化した哲学との対話の形で表し，その哲学は，彼を慰めるために，自分の知恵を提供する．彼らは，徳，正義，人間の本性についてだけでなく，自由意志と宿命についても討論した．古代ギリシアの哲学者たちの関心を引いたのと同じ問題である．

ボエティウスはキリスト教徒であって，この著書は信仰のことをたくさん扱っているが，彼が宗教のうちにではなく哲学のうちに慰めを見出したことは意義深いことである．この時期には，キリスト教は哲学的な考えを，その教義の中に同化させ始めていた．アウグスティヌスやボエティウスといった哲学者たちは，古代哲学の終わりを代表するとともに，この同化プロセスの始まりも代表する人たちだった．キリスト教のうちに哲学の居場所があったということは，中世を通じてルネサンス期に至るまで，ボエティウスの業績が影響を与え続けたことによって確証された．

『哲学の慰め』の装飾写本に描かれたボエティウスと彼の弟子たち

【訳注】ローマ帝国と言うと，ローマを首都とする帝国と考えられるが，領土の拡大を受けて，3世紀には東のギリシア語圏にも中心を持つようになり，5世紀に西ローマ帝国が崩壊した後も，東ローマは存続し，ビザンチン帝国の名前で呼ばれる．西ヨーロッパはラテン語圏で，ローマのキリスト教会の影響下にあり続けたのが，西ヨーロッパの中世である．ギリシアの古典がアラビアに伝えられた背景としても，ビザンチンの存在を無視することはできない

キリスト教と哲学

62 スコラ哲学と教義

カトリック教会は中世ヨーロッパにおいて，かなり大きな社会的，政治的な権力を振い，学問の権利を制限した．教育は教会により提供され，必然的にキリスト教の教義に従うことになり，図書館や大学は教会によって資金を支給され，修道会から人員が派遣された．修道士たちは，多くの古代の典籍の保存や翻訳をしたが，その大部分はギリシア哲学のものであり，中世末期にはイスラムの学者たちから入手したものだった．スコラ哲学は，厳格な問答法的推論を用いた教授法の一つであり，キリスト教神学を教えるためにも，また，さきの典籍を詳細に研究するためにも使われた．聖職者たちと学者たちは，プラトンとアリストテレスによって発展させられた推論方法を用い，さまざまな思想とキリスト教の教義との適合性を判定した．アウグスティヌスとトマス・アクィナスを含む哲学者たちの理論も検討に付され，キリスト教の教義を擁護するために採用されるか，異端的として却下されるかした．スコラ哲学は哲学思想のキリスト教への組み込みに重要な役割を果たし，ルネサンスに人文主義思想に取って代わられるまで，キリスト教の教育と神学を支える支配的な思潮であった．

【訳注】 スコラというラテン語のもとは，ギリシア語のスコレーで，休暇という意味から議論・講義，さらには学校という意味になった．スコラ学と呼ばれるのは，教会や修道院付属の学校で研究される学問のことだが，12世紀にアリストテレスの著作がギリシア語からラテン訳され始め，13世紀にはアヴェロエス（77頁参照）がラテン訳されてからは，アリストテレスの影響が顕著に見られるようになる．これは，いわゆるルネサンスに先立つ「12世紀ルネサンス」の一環である

63 アベラールと普遍

今日，アベラールは，彼の学問的経歴の終わりをもたらした，エロイーズとの許されざる恋と秘密の結婚で最もよく知られている．しかし，このせいで，彼が11世紀のキリスト教思想家の最も影響力のある一人だったということは，霞んでしまっている．アベラールは，傑出したスコラ哲学者で，アリストテレスの論理学に造詣が深かった．彼は，アリストテレスと同じく，厳密に体系的な性格をもっていて，キリスト教に吸収されていたプラトン主義に懐疑的であった．支配的だった見解の実在論は，プラトンのイデア論（33頁参照）に基づいており，ものが共通してもっている属性，例えば，矢車草と海の「青さ」は，「普遍」として独立に存在すると主張していた．しかし，アベラールは，共通の属性は，その属性の個々の事例に内在しているというアリストテレスの見解を採用し，普遍は我々の考えのうちにのみ存在する，概念であって実在ではないとした．彼の理論は，概念論として知られるようになったものであり，当初は反対にあったが，アリストテレスの思想を，プラトンと同様に，キリスト教神学に取り込む先陣を切った．

オレンジ，ボール，惑星はすべて宇宙の「丸さ」を示している

【訳注】 普遍という用語はアリストテレスの創始した概念であるが，プラトンがイデアと個々の事例との間に見た完全性・不完全性の区別は，普遍と個別の形式的な区別に隠れて見えにくくなる．普遍という概念は，個別的な存在をを前提して，それら全体の共通性を考える発想に由来しているが，イデア論は，人によって美しく見えたり醜く見えたりする，移ろい行くものの美しさではなく，それを説明できる美を求めるという点で対照的なのである

キリスト教と哲学

64 神の存在：存在論的論証

11世紀におけるスコラ哲学の台頭と，キリスト教によるアリストテレス論理学の受容とともに，信仰の問題と理屈にかなった議論を調停させることへの関心が再燃した．スコラ哲学運動を創始した教父の一人は聖アンセルムスで，彼は，神の存在を証明する，いわゆる存在論的論証を提唱したことで最もよく知られる．

アンセルムスは，可能である最も完全な存在を想像するように求める．しかし，そのような存在が存在しないならば，それは最も完全な存在ではありえず，同じ完全さをもちつつ存在するものより劣っているに違いない．したがって，可能である最も完全な存在は，存在しなければならない．アンセルムスの言葉によると，「神は，それ以上に偉大なものが考えられないものである」ということだ．しかし，論理的な議論として，これは欠陥があり，マルムティエのガウニロのような同時代人は，それはどんなものの存在を証明するためにも使うことができると指摘した．のちの哲学者たち，特にトマス・アクィナスや，もっと後のイマヌエル・カントは，この議論は神の本質の概念を表すものではあるが，神の存在には何の証明にもならないことを示した．

65 パスカルの賭け

　今日，神の存在には，肯定・否定のどちらにも論理的な証明はありえず，これは純粋に信仰の問題であると，一般に合意されている．しかし，このテーマについての哲学的思索は，いわゆる「理性の時代」まで続いた．この問題への斬新な対処の一つは，17世紀の数学者ブレーズ・パスカルによって提案された．「パスカルの賭け」は，神の存在証明ができないという前提で，神を信じる方が賭けとして良いか否かを検討するものである．パスカルは，結果の観点から，肯定に賭ける場合と否定に賭ける場合を比較考察する．もし神が存在し，私が神の存在を否定するなら，私は永遠の罰を受ける危険を冒すことになる．もし神が存在し，私がその存在を認めるならば，私は天国での永遠の命を勝ち取る．しかし，神が存在しないならば，私にとってどちらでも少しも違いはない．そうすると，比較考量の結果，神の存在を信じる方がより安全な賭けである．「パスカルの賭け」は，論理学と基本的なゲーム理論における興味深い練習問題だが，いくつかの不安定な前提に基づいている．死後の生についての神の決定が，自分が神を信じるかどうかに左右されることや，神もまた論理的存在であり，天国と地獄もまた存在するということを，我々は前提として認めるように求められているのである．

	神は存在する	神は存在しない
神を信じる	無限の善	違いはない
神を信じない	無限の悪	違いはない

【訳注】パスカルは哲学者でもあるが，ある賭博師から，二人がお金を賭けて勝負して，決着がつく前に勝負が中止になった場合，そこまでの得点状況をもとにして，賭け金をどのように分配したらいいかと問われ，そのときの彼の答えが，確率論の始まりとされる．神の存在に関わる賭けの議論は，確率論の応用という側面はもっているが，パスカルの意図は，神を相手にゲームをすることではなく，神の存在を信じるほうに人を誘導しようとするものである

キリスト教と哲学

66 トマス・アクィナス

　中世のキリスト教哲学者の中でおそらく最も偉大だったトマス・アクィナスの主な業績は，矛盾しているように見えるプラトンの哲学とアリストテレスの哲学を総合して，キリスト教の信仰を補完するものとして示したことだろう．彼は，プラトンのイデア論（33 頁参照）における普遍の見方から，彼が物事の本質と呼ぶ概念を引き出した．これは，彼が言うには，存在とは区別される．例えば，ドラゴンについて述語づけられることを（ドラゴンの本質として）記述することはできる．しかしそれにもかかわらず，ドラゴンの存在を否定することができる．彼はさらに，神が自らの計画に従ってあらゆるものを創造したので，物事の本質は物事の存在に先行していなければならないと主張した．しかし彼はまた，我々の心は何も書いていない板（タブラ・ラーサ）のようなものだとも考えていて，我々は感覚を通じて知を得るという考えを，アリストテレスから受け継いだ．そのような考えを信仰の問題と区別することには慎重でありながらも，アクィナスは，両者を両立不能とは見なさなかった．これらの合理的な説明は，我々が世界について学ぶ仕方と関係しているが，我々はまだそれが神の創造物だと信じることができる．避けられないことだが，そのような考えがローマ教会に受け入れられるまでには，いくらか時間がかかった．

【訳注】　生まれた時の人間の心を「白紙」とする考えは，初期ストア派に見られる．それのうちに感覚を通じて観念が書き込まれ，七年間で基本的な観念で満たされるというのは，経験論的な説明であるが，他方で，人間の理性（ロゴス）は宇宙全体のロゴス（理性原理）あるいは神々のロゴスと同一であるという，経験に先立つものに訴える説明がなされる．ストア派自身がこれを矛盾と考えた形跡は見当たらない

67 神の存在：宇宙論的論証

　トマス・アクィナスは，本質と存在についての自分の考えを用いて，アンセルムスの存在論的な神の存在論証（64頁参照）を論駁した．その代わりに彼は，アリストテレスの四原因の考え（40頁参照）から引き出した，より強力な議論を，すなわち神の存在の宇宙論的論証を提案した．要するに，彼は，何かが宇宙が存在する原因となったに違いないと論じた．これは「第一原因」であり，これこそが我々が神と呼んでいるものだとしたのである．説明としてアクィナスがのべるのは，宇宙は明らかに存在しているが，他の状況下では存在しない可能性があり，したがって，その存在は原因に依存するということである．この原因は，存在しないなどと想定することもできない何かでなければならず，他の何ものにも依存しない，原因をもたない原因である．これを，我々は神だと理解していると彼は言う．この宇宙論的論証と，科学的なビッグバン理論との類似は顕著であって，どちらも，第一の，原因なしの原因を受け入れるという，哲学的に問題になる条件を必要としている．しかし，無原因の原因の可能性を否定することでそれに反論することには，無限背進（15頁参照）という，同程度に困難な問題が伴う．

キリスト教と哲学

68 自然法

キリスト教哲学者たちは，彼らの道徳哲学をイエスの教えの上に基礎づけることができたが，これを政治哲学にまで広げていくと，人間の法はどこまで神の法と通じ合うものなのかという問題を引き起こした．アウグスティヌスは，この問題に『神の国』（57頁参照）で取り組み，プラトンの対比する目に見える世界とイデアの世界と同じ仕方で，世俗の社会と神の王国とを対比した．トマス・アクィナスは，この考えをさらに先に進め，人間の法は，神の永遠の法からは切り離されてあるものだが，人間の振舞いや道徳，徳に基づいた「自然法」も存在していて，それは神の法の一部であるという考えを示した．

自然法の重要な部分として，「正義の戦争」という概念があった．キリスト教は（また，他の多くの宗教も），平和主義を説くが，政治が時に戦争を余儀なくさせる．しかし，アクィナスは，戦争は神の法との矛盾であるというより，それは自然法により正当化されうるという考えを示した．もう一度自分の考えをアウグスティヌスの考えに基礎づけて，彼は戦争が正しくあるための三つの必要条件を提案した．すなわち，正当な意図，正しい理由，そして主権者の権限である．

【訳注】 自然の法という考えとしては，ヘラクレイトスが万物の生成が従うロゴス（理）を法にたとえたことに始まり，自然と法を対立するという見方に対して，プラトンが法律を自然本来的な存在に基づくべきだと論じた（35頁訳注参照）のを受けて，プロティノスが神的理性の法と宇宙全体の法を区別したことが，トマスの自然法の考えの先駆けになっている

69 行為と不作為

　一般的な用語法では「倫理」とは，我々の行動の道徳性をどう判断するかという問題に関係する．我々が行為に下すどんな判断の中にも，その行為の結果と，その行為をする人の意図という二つがある．結果の深刻さは，我々にすぐ反応させるが，検討を加えることで，我々は，意図のほうが道徳性の判断にとても重要だと気づく．意図的な窃盗は，致命的な過失よりも道徳的に擁護できないものか．道徳的な判断を下すことは，意図と結果が両方とも悪い場合には，単純であるが，深刻な結果が良い意図から出たものである場合，もしくは，少なくとも悪い意図がなかった場合には，判断するのはそれほど容易ではない．

　意図的な選択をしなければならないとき，さらなるジレンマが生じる．時には「公共の利益」のために犠牲を払う必要がある．例えば，意図的に一人を犠牲にすることで，何人かの命が救われうる場合がある．しかし，目的はいつでも手段を正当化するのか．そして，意図的な行為と，何かが起こるのを意図的に許すことに道徳的な違いはあるのか．

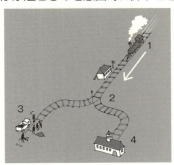

暴走列車（1）は制御不能となり，最終分岐ポイント（2）に向かって疾走している．信号手は，作業員の集団が死ぬことになる側線（3）に列車の進路を変える行動をとるべきか．それとも，何も行動を起こさずに，列車が疾走したまま最終的に駅に衝突し（4），もっと多くの人を殺すのを許すほうが，道徳的に罪が軽くなるのか

【訳注】何人かの命を救う可能性を理由に意図的に誰かを犠牲にすることは，殺人にしかならない．そのような発想は，あたかも神の目から見て人間の命を左右できると考えることのように見える．医療の手段が患者の数に比して少なくて，治療に優先順位をつけなければならなくなる，いわゆるトリアージの場合は，それとは全く別ものである．義務の放棄は非難される不作為だが，人間の能力を考慮すると，義務の範囲をどこまで広げられるかが問題になる

キリスト教と哲学　　69

70 唯名論

プラトンの哲学は，アウグスティヌスの時代からキリスト教の教義にしっかりと同化されていたため，アリストテレスの対照的な思想の導入は，ある程度の抵抗を受けた．スコラ哲学者たちは，アリストテレスの厳格な方法論を採用したが，普遍に関する彼の見解（63 頁参照）は，ローマ教会の教えに矛盾するとみなされた．ピエール・アベラールは，実在論の（普遍は現実の，独立した存在をもつという）考えに対して，彼の概念論の（物事は我々の心の中にのみ存在するという）考えで挑んだ最初の一人だった．ヨハネス・ドゥンス・スコトゥスや，オッカムのウィリアムといった，13 世紀の哲学者たちは，もう一歩踏み込んで，普遍というものは，現実世界のものの属性を指示する名前として以外には，そもそも存在しないと論じた．アクィナスの総合（66 頁参照）とは違って，この「唯名論者」の考えは，実在論と真っ向から対立した．この問題に関して，キリスト教哲学は，対立する思想の学派に分裂した．これは，プラトンとアリストテレスの違いを反映した分断で，ルネサンスを超えてもなお，大陸の合理論者とイギリスの経験論者の間に根強く残ったものである．

【訳注】 キリスト教へのプラトンの影響は，とりわけ新プラトン主義（57 頁訳注参照）を通じて与えられたが，そこに新プラトン主義のアラビア哲学への影響（76 頁訳注参照）が介入したために，少し入り組んだ関係が生じている．それは，西欧のキリスト教中世にアリストテレスが受け入れられるためには，好都合な事情であったし，アリストテレスが原典から読まれるようになっても新プラトン主義的な解釈は残った

ドゥンス・スコトゥスにとって，普遍性は単に現実世界の物体の特性を説明するために使われる形容詞だった

71 オッカムの剃刀とビュリダンのロバ

　オッカムのウィリアムは，哲学と神学についてだけでなく，科学的な事柄と論理学について，幅広く執筆した．彼は，信仰の問題と，今日我々が科学と呼ぶものの区別を守ったが，最終的には異端者として，ローマ教会から破門された．アリストテレスから多大な影響を受けて，彼は観察と経験による証拠を，合理的な議論の基礎として用いることに信を置き，後世の「科学的方法」を先取りした．

　彼はおそらく，「オッカムの剃刀」として知られる原則で最もよく知られている．すなわち，ある事柄に二つの，選択できる説明があるとき，すべての条件が同等であれば，より単純な説明のほうが正しい可能性が大きい．我々は，不必要な想定を「剃り落とし」，原因や，要素，変数の最も少ない説明を選ぶべきである．オッカムの弟子，ジャン・ビュリダンは，（同等な）選択肢の間からの合理的な選択という，別のパラドクスに自分の名前をつけた．「ビュリダンのロバ」は，同じ程度に魅力的な2束の干し草のちょうど真ん中に置かれた空腹の畜類である．二つのうちどちらも選ぶことができず，このロバは最終的には餓死するのである．

同じように説得力のある二つの議論に直面したとき，我々はどちらも選択しないというリスクを冒すが，実際には，決定を下す限り，どちらでも違いはない

【訳注】ビュリダンは，嘘つきのパラドクス（21頁参照）に類した，さまざまなタイプの自己言及型のパラドクスについて論じる著作も書き残している．単純化して言うと，プラトンは「ソクラテスの言うことはすべて正しい」と言い，ソクラテスは「プラトンの言うことはすべて嘘だ」と言う場合のようなパラドクスである．自己言及型パラドクスの研究は，現代論理学（165頁参照）の確立に重要な役割を果たすことになる

キリスト教と哲学

72 学識のある無知

　アリストテレスの整然とした経験主義的哲学は中世後期に，徐々にでしかないが，キリスト教のうちに組み込まれるようになった．問題の一部は，感覚から得た証拠を使って，それを論理的議論にゆだねるアリストテレス的なアプローチが，地に足がつきすぎていて，宗教の神秘性の要素を損なうことだった．実在論のほうが，「普遍」の完璧な，もう一つの世界という観念とともに，三位一体のようなキリスト教的概念に，よりよく適合した．このほとんど科学的なアプローチに反発して，プラトン思想に頑なにしがみついた者もいた．ニコラウス・クザーヌスはさらに踏み込んで，ソクラテスを連想させる「学識ある無知」を提唱した．我々の知はすべて，彼が「一者」または「善」と呼ぶものに由来しており，あらゆるものに先立つ神は，必然的に我々の知に先立つと彼は言う．したがって，人間の心で神についていかなる知を持つことも不可能である．我々は，理性を用いて，我々が神を知り得ないと理解することしかできず，この「学識ある無知」を通して，神を理解するために，神の精神に近づくのである．

【訳注】 ソクラテスは，知恵があると思われている人たちと対話して，どちらも知恵がないのが分かったが，知無知だと知っているのは自分だけだったために，「ソクラテスより知恵のある人間はいない」という，アポロン神殿の神託の意味を「人間にとっては，自分の無知を知っていることが最高の知恵なのだ」と理解したという．クザーヌスとの関係は，直接的な影響ではなく，「連想」にとどまる

72

73 エラスムスと人文主義

　15世紀の終わりにかけて，政治的権力はローマ・カトリック教会から世俗的な国民国家へと移行しつつあった．知識人の神学への興味は薄れ，以前より地上的な事柄に関与していた．この「人文主義」への新たな重要視は，教会内部にも影響を及ぼした．中世のスコラ哲学は，合理的な哲学思考をキリスト教神学と宥和させようとしていたが，この二つは別々にしておくべきだという風潮が高まりつつあった．哲学は理性に基づくが，宗教は信仰に基づくというのである．

　しかし，オランダの哲学者デジデリウス・エラスムスは，人文主義の個人重視を受け入れ，個人の，神との関係のほうが，カトリックの教義よりも，重要な意義をもつと論じた．彼は，キリスト教の聖典によって提唱される，質素，純真，謙虚といった価値は，根本的に人間の特性だという見解を示した．とくに哲学で議論される類いの知は，イエスの例に示される「良い生き方」を送ることの邪魔になり，信仰への妨げである．

【訳注】エラスムスが非難する哲学はスコラ哲学であり，それの影響を受けた，硬直した神学の議論に対する批判がその土台にある．彼は，キリスト教信仰を大事にする考えは揺らがなかったが，けっして哲学全体を非難しているわけではなく，プラトン哲学に対する共感は，「よく生きる」ことの重視や，哲人政治の理想の主張など，さまざまなかたちで現れ，それらはキリスト教と整合的だと考えていた

キリスト教と哲学　　73

74 宗教改革：権威の弱体化

　ルネサンスの世俗的な人文主義がヨーロッパに広がるにつれて，ローマ教会の権威はますます圧迫を受けるようになってきた．法王の権威は世俗的な支配者や政権の挑戦にさらされ，科学的発見の進展はカトリックの教義と矛盾した．しかし，変化をもたらしたのは，教会の外からの圧力だけではなかった．多くの内部の人間が，教会は堕落していて，人々から遊離していると見ていたが，とくに北ヨーロッパではそうであった．マルティン・ルターの「95 か条の論題」は，1517 年に彼が公表した聖職権乱用の批判文書であり，これがプロテスタント宗教改革の火付け役となって，キリスト教会内の教派分裂を生み出したが，これは当時の雰囲気を示すものであった．活版印刷の発明と共に，情報を得る手段はカトリック教会が統制できない所に移り，中世スコラ哲学の支配は終わりを迎えた．新しい人文主義思想は，最初はルネサンスの文化的，芸術的活動に顕著に現れ，さらにまた，科学と哲学に実り豊かな土壌を提供し，18 世紀の，近代の哲学と科学の始まりを告げる「理性の時代」に，その最高潮を迎えた．

ルターの「95 か条の論題」の一部

75 哲学とイスラム

　7世紀にムハンマドがその開祖となったのちに，イスラムは急速にアラビアからアジアに拡がり，北アフリカを通って，南スペインにまで至った．イスラム帝国は，大きさと影響力の点で，キリスト教ヨーロッパと肩を並べ，その安定性は繁栄した文化を生み出した．イスラムの「黄金時代」は西暦750年ごろに始まり，5世紀以上も続いた．イスラムは学問研究を奨励し，当時のキリスト教とは違って，宗教と理性的探求は共存できると認識していた．

　イスラムの学者たちは，多くの場合，神学だけでなく，科学や哲学の教育を受けた博学家であって，ギリシア語の原典（最も顕著なのはアリストテレスの著作）や，インド由来の科学・数学著作を保存し翻訳したりしていた．その結果，学者たちは，天文学，医学，数学，化学といった領域において進歩したが，これはキリスト教世界では不可能なことだったろう．イスラム独自の哲学「学派」が発達し，アヴィセンナとアヴェロエスという二人の偉大な人物が，プラトンとアリストテレスの思想をイスラム神学のなかに組み込んだ．

【訳注】キリスト教では，聖書の「カエサルのものはカエサルに，神のものは神に」という言葉に表されるように，宗教的な権威と政治的な支配権が分けられるのが当然とされるが，イスラムでは宗教的な共同体と政治的・軍事的な共同体が一致するのが基本である．したがって，イスラムでは，指導者が哲学やギリシアの古典に重要性を認める時代には，それらの研究が盛んになるが，原理主義的傾向が強くなるほど，異教的な要素は厳しく排斥される

76 アヴィセンナと「浮揚人間」

アリストテレス的な哲学と科学は，イスラム教の「黄金期」に繁栄した．とくにバグダッドとダマスクスは知的活動の中心になり，アル=キンディー，アル=ファーラービーを含む，哲学・科学者たちを引き寄せた．ペルシャでは，西洋でアヴィセンナとして知られるイブン・シーナーは，先駆的な医師として知られていたが，それだけでなく，重要な哲学者であり，神学者でもあった．彼はアリストテレスを研究していたが，プラトンと二元論の思想からも影響も受けていた．つまり，我々が生きている世界とは別に，非物質的なものの領域があるという思想である．アヴィセンナは，二元論の考えをさらに発展させ，我々の感覚や理性は，我々の身体と心に対応して，それらと同様，判明に区別されるものだと論じた．彼はこれを，目隠しされ空中に浮き，事実上すべての感覚を奪われた「浮揚する人間」の比喩で説明した．感覚からはどんな情報も入って来ないにもかかわらず，彼はそれでも，存在するが物理的な実体を持たない「自己」あるいは「魂」を持っていることを意識している．心と身体は共存しているが，判明に区別される．心あるいは魂は，非物質的なものの領域にあるので，物理的な身体が死ぬときにも無くならないというのである．

【訳注】 アヴィセンナ当時のアラビア哲学界でアリストテレス哲学とみなされていたものは，純粋なアリストテレスではなく，新プラトン主義の影響を受けたものであった．その証拠の一つに，プロティノス（57 頁参照）の作品のかなりの部分が『アリストテレス神学』というタイトルで，アラビア語に編集・翻訳されていたという事実がある．したがって，アヴィセンナが新プラトン主義の思想をアリストテレスと見なしていた可能性も少なくない

77 アヴェロエス

　11世紀と12世紀に，アヴィセンナによるアリストテレス思想の新プラトン主義的な解釈は，イスラムの支配的な哲学だったが，批判者がいなかったわけではない．アル=ガザーリーのような強硬路線の神学者は，アリストテレス主義を，コーラン（クルアーン）に反していると見なしたが，彼の反論は皮肉にも，イスラム哲学に対するアリストテレスの影響を強化するきっかけとなった．ガザーリーの最も手強い相手は，イスラム圏南イベリア出身のイブン・ルシュド（ラテン名はアヴェロエス）だった．ガザーリーの議論を論破するだけでなく，彼はアヴィセンナのプラトンに触発された思想を退け，アリストテレスその人の，はるかに経験に基づく合理的なアプローチを推奨した．彼は，宗教と哲学の間に，いかなる両立不可能性もないと主張した．コーランは，哲学的理論で解釈できる，詩的で隠喩的な真理を表現しているのである．しかし彼は，その解釈は，適切に教育された学者によってのみ行われるべきだと考えた．これは，逆説的なことだが，プラトンの思想に似た考えである．アヴェロエスの思想は，いくらか論争の種になったにもかかわらず，彼の著作の翻訳は，中世ヨーロッパのキリスト教スコラ哲学に意義深い影響を与えた．

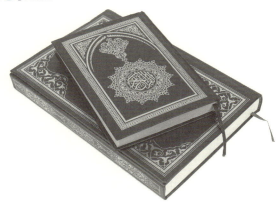

哲学とイスラム

78 イスラムの西洋哲学への影響

　イスラム哲学は，大体において，ギリシアの伝統から，アヴェロエスやアヴィセンナといった哲学者たちがプラトンやアリストテレスの思想に自分たちの注釈を付け加える仕方で，育ったものである．これらの哲学者たちの多くは，イスラム圏の主要都市の大学や図書館で，とりわけ，古代の原典が保存され，翻訳されていた場所である，バグダッドのバイト・アル＝ヒクマ，つまり「知恵の館」で働いていた．この状況は，自分たちが異教の哲学と見なしたものに対して依然として懐疑の目を向けていたキリスト教の学者社会とは対照的である．しかし，11 世紀には，エルサレム，シチリアや，イスラム圏スペインの一部が，キリスト教によって征服されることで，二つの文化の接触が増えた．ヨーロッパの学者たちは，古代の原典と，それらへのイスラム学者の注解書を手に入れることができるようになり，それらをラテン語に訳した．新たに古典思想に触れる機会ができたことは，キリスト教ヨーロッパにおける哲学への関心を再燃させることなり，とくにアリストテレスの著作は，スコラ哲学活動の土台となった（62 頁参照）．同程度に重要なのは，イスラムの科学的・数学的着想に触れる機会ができたことである．ただし，それらの影響が顕著になるまでには，かなり長い時間がかかった．

【訳注】　イスラム世界がギリシア古典の原典を入手したのは，最初はエジプトのアレクサンドリア（ヘレニズムの一大中心地）から，のちにはビザンチン帝国（61 頁訳注参照）からだと伝えられる．ビザンチンはキリスト教国であるため，その頃は「異教の」哲学の研究は下火になっており，バグダッドから大量の写本の注文があったため，書写のため一時的に古典の研究が進んだというエピソードも伝えられる

イスラム文化を豊かにしたギリシアの数学的，科学的，哲学的知識は，11 世紀までヨーロッパではほとんど知られていなかった

79 ルネサンス・理性・革命

　およそ千年間の支配ののち，カトリック教会は，ルネサンス時代に，ヨーロッパの文化的・知的生活に対する締め付けができなくなり，哲学者たちが人文主義的な事柄に関心を向けるのを許した．新しい世俗的な権力の出現は，再び政治哲学への興味をかき立てた．それと同時に，科学は（「自然哲学」の姿をとって）徐々に自らの権威を確立していった．ニコラウス・コペルニクスの，地球が宇宙の不動の中心ではないという1543年の主張は，キリスト教会の教義を覆す科学革命の始まりに過ぎなかった．そののちに続くガリレオやフランシス・ベーコンのような科学者たちの業績は，科学と哲学のすべての面に影響を与え，より体系的な方法への道を開いた．これは，17, 18世紀のいわゆる「理性の時代」や「啓蒙主義」につながり，近代における哲学の議題を設定する，主要な思想集団を生んだ．すなわち，ヨーロッパ本土の合理論，イギリスの経験論，さらには，近代の民主主義制度の確立につながる政治哲学などである．

コペルニクスの太陽中心の宇宙という考えは教会の権威を弱め，科学革命の始まりとなった

【訳注】　古代バビュロニアでは天体観測が盛んで，長年にわたって観測データが蓄積されたが，惑星の見かけ上不規則な動きを説明しようとした形跡は見られない．ギリシアでは，プラトンがアカデメイアの数学者たちに，どのような規則的な運動が仮説として前提されれば惑星の運動が説明できるかという課題を出したと伝えられ，これが理論天文学への第一歩になった．ケプラー（80頁参照）の法則は，単純な規則的運動で惑星の動きを説明した最初の完全な答えである

80 ルネサンス人文主義

　14世紀のフィレンツェで始まったルネサンスは，千年以上に及ぶカトリック教会の支配の後の，ギリシア・ラテンの古典文化の，ヨーロッパにおける「再生」だった．古典の原典の再発見に後押しされて，その運動は神よりもむしろ，人間を注目の的にした．コペルニクス，ガリレオやケプラーが，宇宙の構造を理解しようとした（最初の哲学者たちの関心事を思い出させる）一方で，ベサリウスやレオナルド・ダ・ヴィンチは，人間の解剖学的構造を細部まで詳細に研究した．ルネサンスは，第一に文化的・芸術的運動だったが，その人文主義重視は政治的思考に影響を与え，フィレンツェやベネチアといった共和国の設立に反映された．これらの国では，活版印刷の発明と，中世の封建主義に取って代わった通商の助けを得て，ルネサンスの理想が花盛りになった．人文主義は，のちの哲学に甚大な影響を与えたが，顕著な例外として，マキャベリといった政治哲学者や，教会内の改革者たちがいるものの，当時舞台の中央に立ったのは，科学であって，哲学ではなかった．

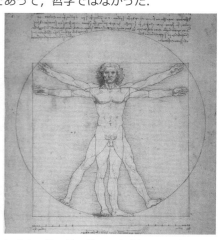

【訳注】 16世紀イタリアの芸術家ヴァザーリが，14世紀から16世紀までの時代を「リナシタ」と呼んだのが，一般にフランス語で「ルネサンス」と呼ばれるようになった．この言葉の文字通りの意味は「再び生まれること」で，ヴァザーリはギリシア・ローマの古典復興という意味で言ったが，古典文献が大量にもたらされたり，古代の遺跡や彫刻などが発掘されたりして，古典文化が復活したのをきっかけに，文化一般が活性化した時代と捉えることもできる

レオナルド・ダ・ヴィンチ「ウィトルウィウス的人体図」（1487年頃）

81 マキャベリと政治的現実主義

　フィレンツェは，ルネサンスを特徴づける文化運動の発祥の地として広く認められているが，そこはイタリアの最初の共和国の一つでもあった．そして，続いて起こった教会と国家の間の緊張関係のおかげで，陰謀と政治的騙し合いの本場となった．このような事情を背景にして，最初の近代的で世俗的な政治哲学者，ニコロ・マキャベリが現れた．彼の著書『君主論』は，表向きは，いかにして権力を手に入れ行使すべきかについて助言する手引書であったが，政治を現実主義的に描き出すものでもあった．

　マキャベリは，理想的な国家社会について理論を立てることは実りのないことだと論じて，私人の個人的道徳観と，支配者や国家にとっての便宜とを区別した．彼によると，支配者は，必要な場合は暴力や欺瞞などを用いながら，時によって不道徳な行為をする覚悟をもたなければならない．「成し遂げられた結果のほうを，それが遂行されるためにとられた手段よりも考慮せよ」．マキャベリは，しかしながら，心の底では共和主義者であった．『君主論』はおそらく，フランシス・ベーコンの表現を借りれば，「人々がすべきことではなく，していること」の風刺的な記述だったのかもしれない．

ルネサンス・理性・革命

82 目的と手段

マキャベリの『君主論』における政治的現実主義の含意するメッセージの一つは,「目的は手段を正当化する」ということだった. これは政治哲学における重要な転換点となり, それに続いて, 道徳哲学全体においても, 行為の道徳性を, その行為の意図や動機よりもむしろ, 結果で判断することへの変化が起こった. ルネサンス人文主義の結果として, 道徳的に正しい行動は, もはや宗教的権威に指図されなくなり, 善悪の観念は, キリスト教の教義ほど絶対的ではなくなった. 政治哲学も同様に, 社会にとって理想的な構造に基づく必要はなくなった. 結果主義, すなわち, 結果が行動の正しさを判断する根拠だという考え方は, ルネサンスから啓蒙時代にかけての道徳哲学において, 主流のやり方になり, 18世紀後半から19世紀初頭にかけての功利主義 (122頁参照) に影響を与えた. 道徳判断の根拠として, 結果から動機や意図に重点が移るのは, イマヌエル・カントが彼の義務論的 (義務に基づく) 道徳哲学の体系 (129頁参照) を提案してからのことである.

【訳注】 目的のために手段が考えられるという関係は, プラトンやアリストテレスにおいてすでに明らかであったが, 正しい行為をなす場合には, その仕方も正しくなければならないという議論もなされた. 例えば, 不正な手段を用いることは, 正しい行為という目的を損なうことになるのである. 一般に, 目的が崇高なものであれば, その手段が目的を損なわない限り, 手段は正当化されると考えられる

1945年に連合国が原子爆弾を使用したことは, 第二次世界大戦の終結を早める手段として正当化されるものだったのか

83 道徳に関わる運

　現代の哲学者は，その結果，あるいはその背後にある動機の，いずれかによって行動の正しさを判断するという考え方に，問題を見出した．我々の思い通りにできない状況は，我々の行為の結果に影響を与える可能性があり，しばしば劇的に影響することがある．最善の意図をもってなされた行為が，結果として大惨事になる可能性もあって，例えば，一見無害ないたずらが傷害を引き起こすとか，逆に，自分のための行為が，意図せずに他人に繁栄をもたらすとかいった行動の，道徳性を判断するのは容易ではない．また我々は，自分自身の状況とは異なる状況に起因する行為を，非難したり批判したりする場合もある．例えば，奴隷所有者の非人道性を，我々の誰かが同じ立場にあったとしたら，どう行動したであろうかを知らなくても，非難するように．

　道徳的判断は，結果の単純な評価よりも，あるいは動機の評価さえも超えて，はるかに複雑であることが明らかになる．ある行為が良いか悪いかを判定することに，偶然がどんな役割を果たすのかという問題が，そこから出てくる．「道徳に関わる運」というものはあるのか．そして，不運であることは悪いことなのか，あるいは，悪いことは不運でさえあるのか．

事故を起こして誰かを殺す酔っ払い運転手の方が，たまたま死亡事故を起こさない酔っ払い運転手よりも道徳的に劣っているのか

ルネサンス・理性・革命

84 ベーコンと科学の方法

ヨーロッパ思想における，イスラム「黄金時代」の遺産の一部は，観察，分析，分類というアリストテレスの考えに基づく豊富な科学的知識だったが，とくに医学や錬金術といった分野では，イスラム独自の実験の伝統も含まれていた．ルネサンスの間，ヨーロッパの科学者たちはこれらの原則を採用し，それらは，天文学，数学，生物学の著しい進歩につながるものだった．しかし，17世紀初頭に，フランシス・ベーコンの『ノヴム・オルガヌム』により転機が訪れた．このイギリス人哲学者は，単純に伝統を維持するよりはむしろ，科学的研究の手法自体を検証し，より体系的な方法を提案した．ベーコンは，観察，データの蓄積と分析，仮説の形成，そして決定的な実験による確証という手順を提唱した．この帰納法の（一連の事例から一般的な規則を導き出す）手続きは，近代科学の実践の基礎となり，ベーコンによる証拠の重視は，またイギリスの経験論の動きにも影響を与えた（103頁参照）．

【訳注】 ベーコンの主著『ノヴム・オルガヌム（新オルガノン）』は，アリストテレスの論理学著作の総称「オルガノン」に対して，新しい方法論を提唱するものである．なお，彼はその中で「仮説」の方法を提示してはいない．彼の探究法は，仮説の検証によって理論を確証するよりはむしろ，観察の結果を積み重ねて徐々に真実に近づくというやり方であった．真実に近づく妨げになる偏見の存在を「四つのイドラ」と呼んで注意を促していることも，同書の重要な内容である

ベーコンの名著『ノヴム・オルガヌム』の口絵

84

85 自然状態

　ルネサンスのヨーロッパは，その繁栄する文化だけでなく，中世の封建主義に代わる新しい政治秩序を見つけようとする試みに特徴がある．独立した国家が，君主国だけでなく，共和制国家も現れ，これらをいかに統治するべきかという関心が再燃した．イギリスでは，君主制は内戦の中で打倒されたが，短命に終わったイングランド共和国のあとで，議会の同意を条件とする「立憲君主制」として復活させられた．この革命的な時期にトマス・ホッブズは『リヴァイアサン』を書いて，社会と統治機関の本質を検討した．彼は，明らかに内戦の恐怖に影響されて，政治的秩序のない，彼が「自然状態」と呼ぶ状況においては，無制限の自由があらゆる人に自分の利益のために行動することを許していると論じた．各人が，絶えず他者と生存をかけて対抗させられ，人生は「孤独で，貧しく，不快で，粗野で，短い」．その解決策は，人々が「社会契約」のもとで合意し，安全保障と繁栄の見返りに主権者の統治に服する市民社会の形成にある，と彼は論じた．

「ヨブ記」からの引用「彼に匹敵する力は地球上にない」が付けられた，ホッブズの『リヴァイアサン』の口絵

ルネサンス・理性・革命　　85

86 社会契約

　ホッブズは『リヴァイアサン』で，無法な自然状態を市民社会の政治的秩序と対比した．そのような社会に移行するためには，すべての利害関係者からの同意がなければならないと彼は説明した．すなわち，「自然権」を手放して，法律を押しつけ守らせる政治権力に権利をゆずり渡す，社会契約である．社会契約は，必然的に個人の自由を制限するが，ホッブズが無法の悪と見なしたものから彼らを守る．ホッブズは，権力は理想的には一人の人物に与えられるべきだと論じた．混沌とした社会よりは，君主の方が，あるいは暴君でさえ，望ましいというのである．

　他の哲学者たちは，社会契約の考えを受け入れたが，ホッブズの君主制びいきには賛成しなかった．ジョン・ロックは，人間の本性についてホッブズほど偏見のない見解と，権力への不信感を持っていて，もっと平等主義な政治体制を提唱した．すなわち，その体制では，被支配者の同意によって権力がゆずり渡されるのは，生まれつきの自由を保護して，被支配者たちに公民権を与えるためであり，その公民権には，専制的な統治機関や役に立たない統治機関を解任することも含まれるのである．

市民社会を確立する社会契約の出現は，中世封建主義の終焉を意味した

87 ヴォルテールと「百科全書派」

　「理性の時代」の政治哲学は，18世紀フランスで典型的な代弁者を得た．ホッブズや，とくにロックの社会契約説に影響を受けて，フランスの思想家のうちには，現存の君主や貴族階級による統治に取って代わる，代議制的な政府に賛成論を唱える者もいた．彼らの筆頭に挙げられるのが，大部分の『百科全書』を編集した，ドニ・ディドロとジャン・ル・ロン・ダランベールで，彼らは，教育は，単に伝統的な権威を受け入れる代わりに，人々が政治に参加することを可能にすると信じていた．彼らはまた，ローマ教会と国家の分離，言論と宗教の自由，そして全体としてより寛容な社会を目指す，ヴォルテールの運動（89頁参照）に影響を受けた．ヴォルテール自身は，理神論者で，道理と観察が神の存在を裏づけると信じていたが，既成の教会とはほとんど関わりをもたなかった．ディドロとダランベールは，遠慮のない無神論的唯物論者となって，いかなる宗教的権威にも，神由来の統治権にも異義を申し立てた．彼らの政権批判は，共和制の要求までは行かなかったものの，当時の高まり行く風潮と同調していた．

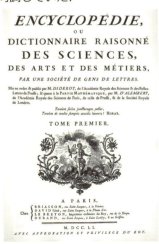

ルネサンス・理性・革命　　87

88 ジャン・ジャック・ルソー

　社会契約の新しい解釈は，フランスの哲学者ジャン・ジャック・ルソーにより提案された．彼はホッブズの考え方（85頁参照）を逆さにして，「自然状態」の自由を与えられた時には，人間は基本的に善人であるのに，その良さが現代の文化によって腐敗させられているのだと主張した．市民社会は，権利や自由を守るためではなく，私的財産を守るために形成され，その制限の多い不公平な法は，不平等を助長する．ルソーの代替案は，「一般意志」によって決められた立法を用いる，人民による直接統治だった．人民により作られた法律は，個人の自由を制約するよりは，むしろ個人の自由を包み込む．彼は，しかし，人民は，自分たちの意志が何であるのかを理解するために，教育を受けなければならないという注意書きを差し込んだ．

　ルソーのかなり牧歌的な考えは，のちにロマン主義運動（131頁参照）に取り入れられたが，それ以前に，「人間は自由に生まれたのに，しかし，いたるところで鎖につながれている」という彼の有名な意見表明は，フランス革命のスローガンとして採用された．

アメリカ先住民の社会は，私有財産や私有地の所有の考えに基づいていなかったので，ヨーロッパ社会よりもルソーの構想により近かった

88

89 自　由

　社会契約思想から発展した政治哲学は，自由という概念に頻繁に言及したが，この概念の解釈はさまざまだった．例えばホッブズは，自然状態の無制限な自由を悪いものとみなし，自由の放棄は文明社会に不可欠だと考えた．それに対して，ロックは社会を，自然権である自由を守るものとみなした．ヴォルテールと百科全書派は，権威主義的な支配からの自由の価値に信をおいた一方で，ルソーは，社会や慣習からの自由を提唱し，のちのカール・マルクスは，労働者階級を搾取から自由にするべきだと論じた（139頁参照）．フランスとアメリカの革命が「自由」を合言葉にした一方で，19世紀イギリスの自由主義は，ジョン・スチュアート・ミルの，他者が同様にふるまう自由を妨げない限り，望むとおりのことをしてもよい自由と言う原則を中心にしていた．ギリシア哲学者たちが探求した正義と徳の概念と同様に，自由は定義することが困難で，その概念の徹底的な考察は，20世紀のアイザイア・バーリンの業績（124頁参照）までなされなかった．

米国独立宣言の署名は，18世紀に広まっていた自由への願望を象徴していた

【訳注】　古代ギリシアの民主制も，自由を重んじるところに特徴があった．フランス革命のときの，いわゆる「人権宣言」（125頁参照）では，自由とは，法律の許す範囲で，他人を害しないすべてのことをなしうることにあると言われるが，その内容は，トゥキュディデス『歴史』に紹介されるペリクレスの戦死者追悼演説と似ていることが指摘される．同様に，「法の前の平等」という考えも共通している

ルネサンス・理性・革命　　89

90 革命：古い王権の置換

　ヨーロッパの政治的変化は，17世紀に，君主と貴族の権力に対する異議によって加速した．すでにルネサンスの人文主義が，どんな神由来の統治権も疑問に付し，多くの場所で古典的な民主的共和国の思想が復活していた．当然ながら，そのような思想は抵抗に遭い，そのため，古い体制はしばしば力で片付けられた．啓蒙時代の最初の革命はイギリスで起こり，このときは国王は廃位させられ，権力が国会に移された．この政治権力の移行が後押しして，ホッブズとロックは，社会契約説を発展させ，彼らの政治哲学は，国外の哲学者や政治思想家を勢いづけた．フランスでは，ヴォルテール，ディドロ，そしてとくにルソーは，変化の必要性を説明するために社会契約思想に飛びつき，アメリカではイギリス人のトマス・ペインが，哲学を政治的な行動主義に変換した．アメリカとフランスにおける革命は，似たような政治思想を，「生命，自由，幸福の追求」と「自由，平等，博愛」のモットーに体現したかたちで持っており，どちらも啓蒙主義的哲学から着想を得ていた．

91 合理論

　しばしば「理性の時代」または「啓蒙の時代」として知られる17世紀と18世紀は，信仰心とか，伝統的な知恵の受け入れとかによってではなく，科学的な推理による知識の進歩という特徴をもっていた．ヨーロッパの多くの部分においては，これは，合理論として知られる哲学の探究法に現れた．科学，とくに数学は，ルネ・デカルトのような哲学者にひらめきを与えた．彼は，我々の感覚は頼りにならないので，我々は合理的な思考を通じて世界を理解することができると論じた．我々が知識を得るやり方である認識論に対するこの取り組み方は，感覚的知覚に対する，プラトンの不信感（33頁参照）を再現している．デカルトの，哲学的探究に数学的な方法を取り入れる，厳密な取り組み方は，哲学史上の転換点となった．合理論は，スピノザとゴットフリート・ライプニッツ（意義深いことに，両者とも優秀な数学者）に熱狂的に採用され，ヨーロッパ本土における哲学思想の支配的な学派となった．しかしイギリスでは，同じルーツから由来するのに，正反対の思想学派である経験論（103頁参照）が出現した．

数学の純粋な推論は，17世紀の合理主義の出現に大きな影響を与えた

【訳注】 古代ギリシアの数学は，エウクレイデス（ユークリッド）に代表されるように，幾何学の分野において発達していた．また，方程式の萌芽のような問題も残されている．それに対して，近代の数学は，等式を用いる代数学が発展し，デカルトが考案してライプニッツが確立した座標を用いることによって，幾何学も代数の手法で研究されるようになったところに，古代になかった新しい特徴が見られる

ルネサンス・理性・革命

92 デカルト:「我思う,ゆえに我あり」

　ルネ・デカルトが形而上学と認識論の問題にとりかかったのは,彼が数学的証明をする場合にとるのと同じやり方によってであった.彼の方法は,どんな疑いであれ受け入れうるものはすべて取り除いて,そこから作業を始められる確実な命題を,つまり,数学の公理に相当する,ひっくり返せない真実を,確立しようとするやり方であった.

　彼は極端な懐疑主義者の見方をとって,我々の感覚は容易に欺かれるので,我々のまわりの世界にあるどれ一つも,存在していると確信をもつことができないと論じた.我々が現実だと見なしているものは,すべて実際には幻影であるというところまで,我々が欺かれていることすら可能であると論じたのである.そうすると,いかなる確実な知識の根拠もまったくないように見えるであろうが,デカルトは,彼があらゆるものを疑っているので,その疑うという行為をするためには存在していなければならないという,素晴らしい洞察をもった.「コギト・エルゴ・スム」(「我思う,ゆえに我あり」と通常は訳されるが,「私は考えている,ゆえに私は存在する」と訳すほうが意味が分かりやすい)という命題は,いわゆる「第一原理」となり,彼はそれを彼の哲学的探究全体の基礎として用いた.

【訳注】 デカルトの徹底的な懐疑には,引き合いに出される例などから,古代の懐疑主義を勉強した跡が見てとれる.このことはデカルトの独創性を損なうことではなく,初期の哲学から見られる問題意識の継承の一例である.ルネサンス期に古代の懐疑主義の原典が西欧にもたらされたことは,彼以外にもさまざまな哲学者に新しい視点を提供し,思考の活性化をうながした

93 心身二元論

　「我思う，ゆえに我あり」を，作業の出発点となる「第一原理」として確立することで，デカルトは言外に彼自身を「思考する存在」と同一視している．「我思う，ゆえに我あり」の「我」は，考えるものであり，欺かれる可能性のある身体的な感覚とは区別される．このことから，彼は心が，すなわち「考えるもの」が，身体とは離れてあるだけでなく，根本的に異なった実体であると推論した．いわゆる心身二元論は，新しいものではなかった．多くの古代哲学者は，身体から独立した「プシューケー（魂・心）」の存在を信じ，多くの宗教もまた，不滅の魂の住まう領域を信じていたのである．しかしデカルトは，この主張を体系的な仕方で表明した最初の人だった．
　我々の身体は物理的・物質的な実体で，我々の心は精神的な非物質的な実体であるという，この「実体二元論」でなされている区別は，外部の世界にまで広がった．人間は，推理思考することができるので，物理的な身体だけでなく，心も持っている．推理思考ができないものは，心を持たないので，物質的な対象としてしか存在しない．

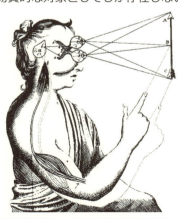

デカルトは，感覚が脳に情報を送り，そこで非物質的な精神・心に伝達されると信じていた

ルネサンス・理性・革命

94 機械の中の霊

　この心身二元論の考えによって，デカルトは近代の形而上学的思考にとっての課題を設定した．しかしながら，すべての哲学者が彼に同意したわけではない．どんな存在するものも，物理的な実体だと主張した人たちもいれば，すべての実在は，根本的に心的（精神的）で非物質的だと主張した人たちもいた．しかし 1949 年に，ギルバート・ライルは，心的なものと物理的なものの区別について『心の概念』のなかで疑問を投げかけた．彼は，私たちの身体的な感覚が身体に宿るのと同じ仕方で，心を，思考や知識，知覚が宿る場所だと考えるのは間違いだと主張した．ライルは，非物質的で心的な実体が，身体的な実体から独立しているという考えを，「機械の中の霊」であり，「カテゴリー・ミステイク（カテゴリー分けの間違い）」の結果であるとして退けた．デカルト的な二元論が冒している誤りは，心と身体，あるいは心的な実在と物理的な実在を，あたかも両方とも同じ論理的カテゴリーに属すると考えたことだと言って，それらを相反する両極として記述した．このカテゴリー分けの誤りは，例えば，「有権者」というのを，選挙で投票をする人々から独立した，ある種の霊的存在と考えるのと同じだというのである．

【訳注】カテゴリー分けの始まりは，アリストテレスである．ギリシア語で「カテーゴリアー」とは「述語づけ」という意味で，彼は「〜である」という形で述語にされる「〜」のタイプを分けた．例えば「何？」の答えとなるのは実体であり，「どのような」の答えとなるのは性質という風にである．デカルトは，心も身体も（独立に存在するものとして）実体と考えていたので，カテゴリー錯誤と言われても，彼自身はそうと認めなかったであろう

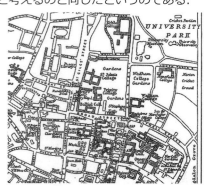

典型的なカテゴリーミステイクは，オクスフォードを訪れた人が，個々のカレッジを見て「大学はどこか？」と尋ねるようなことである

95 欺くデーモン

　デカルトは，彼の有名な「我思う，ゆえに我あり」にたどり着くために，ある思考実験を考案して，我々が確信を持てる事柄を絞り込もうとした．例えば，私が知っていると思う，あらゆることについて惑わそうとする，邪悪で力のある悪霊がいると想定するようにと彼は提案した．私が持っている，どの確信も，それによって疑問視される．悪霊が，私がそれを信じるように仕向けている可能性があるのだから．私が確信を持てるように残された唯一の信念は，私自身の存在である．私が存在していなければ，私を悪霊が騙すということはできないからである．この思考実験は，アヴィセンナをこれに似た二元論に導いた，すべての身体的な感覚からの情報を取り去られた「浮揚人間」（76頁参照）の考えに類似している．「欺く悪霊」概念の現代的なバージョンがいくつかあるが，最も有名なのは，邪悪な科学者が私の脳を養分の入った水槽に入れて，それに電気的刺激を与え，私に現実を見ているかのような架空の感覚を与える物質的な感覚を経験するという筋書である．もっと最近では，これが手の込んだものになり（その目立つ例は，映画『マトリックス』），我々の知る世界は仮想のもので，我々が繋がれているコンピュータによる模擬実験なのだと暗示するところまで進んだ．

ルネサンス・理性・革命

96 自動機械としての動物

　17, 18世紀の間の科学と工学の進歩は，物理的な世界の機械論的な見方を育んだ．対象物とその動作は，機械と同じ用語で，物理法則に従うかたちで説明された．デカルトの二元論における，物理的なものと精神的なものの違いは際立っていて，人間の思考や意識を物理的な領域の外に置くものだった．この考え方は，人間には合理的な思考が可能だという考えに基づいていた．しかし，動物はどうなのか．

　一般的に，動物は推理思考ができないと考えられ，したがって，人間の心と同じように非物質的で精神的な実体として存在する心を持たないだろうと考えられていた．デカルト的な見方では，動物は単に物理的世界の一部にすぎず，物理法則に従うものであり，それが振る舞う仕方は機械と同様である．動物たちの行動を，意識や精神活動の証拠と解釈するのは誤りである．この考えは，当時，動物に似た振る舞いを示すが，明らかに心をもたない，巧妙な自動機械によって，強化された．

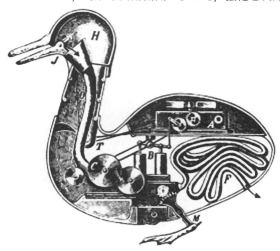

ヴォーカンソンの「消化するアヒル」は歩くことができ，羽を羽ばたかせたり，食べたり飲んだり，排泄もできる力学的な自動機械だった

97 他者の心と自己意識

　デカルトは,「我思う, ゆえに我あり」で, 彼自身の存在を証明した. 彼は「我思う」と「我あり」の「我」は考えるもの, 心であると示したのである. しかし, この種の内省的推論には問題がある. 私は私が存在することを知っている, ゆえに意識をもっている, だがそのことは, 他の誰もが意識があることの証明にはならない. 一つの例を証拠にして, これが普遍的な法則だと考えるのは, 間違いである. 常識に従えば, すべての人間（そして, おそらく動物でさえ：105頁参照）は, 意識があることを示しているように私には見えるので, 同種の心を持っていると納得できるかもしれない. しかし, それは皆がそのような心を持っていると「信じる」に足る十分な根拠を私に与えてはいない. ある人々は, 痛みに顔をしかめたり, 笑ったりするなど, 意識があることの外的なそぶりを示すが, 実際には意識をもっていないのかもしれない. ある哲学者たちはそんな人々を「ゾンビ」と呼んだ. ひょっとすると, 自分以外は皆ゾンビかも知れない. 私が確証をもつことはけっしてできない. そして, たとえ彼らが心を持っていても, 他者の精神的経験が私の経験と同じものであると知ることはできない. 例えば, 私が「赤」として見るものを, 他者は, 私なら「緑」と見るものとして見ているかも知れないのである.

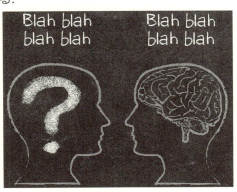

ルネサンス・理性・革命

98 自己同一性

　ある大工が持っているお気に入りの金槌は，50年使い続けているものだが，ただし，頭を2回取り替え，柄を3回取り替えたものである．明らかに，これは彼が使い始めたのと同じ金槌ではない．いや，それとも同じであるのか．これは，その耐用期間を通して度重なる修理を経て，元の部品が何一つ残らなくなったにもかかわらず，その同一性を保持したという，昔話のテセウスの船の異なる事例の一つである．

　人間も似たような「応急的な修理」の過程を経て，我々の体の細胞を徐々に入れ替え，数年で身体構成は全く異なったものになるが，それでも我々は，我々が同じ人間だと感じる．そうすると，我々の心が，すなわち，デカルト的な二元論が提示した非物質的な実体が，あるいは少なくとも知識，経験と記憶が，我々の自己同一性を定めているように見える．しかし，あなた自身のクローンを作り，あなたの思考や記憶をその脳に転写できると仮定するとどうであるか．外部世界にとっては，それはあなたと見分けがつかず，あなたの自己同一性のあらゆる特性を持っていることになるが，我々は直感的にそれが実際にあなたでないことを知っているのである．

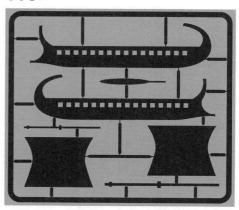

テセウスの船は，その構成パーツとは独立した同一性を持っているのか

99 心身問題

　心身二元論の批判者たちは，デカルトの理論の中のある欠点を指摘した．彼は心と物質は本質的に異なると主張した．すなわち，物理的な実体は物質的であり，思考の能力はないのに対して，精神的な実体は非物質的で，空間内に存在しない．しかし，我々は，この二つが相互に作用することを経験から知っている．精神的な出来事が，身体的な出来事に影響を及ぼし，その逆もある．この二つの世界には何か繋がりがあるに違いない．しかし，その繋がりはどこにあり，それらの相互作用の本質は何であるのか．

　デカルトは，それは脳のどこかで起こっているに違いないという考えを示したが，これは問題の解決になっていない．なぜなら，脳は身体的な対象で，二元論における非物質的な心とは，別のものであるからだ．神がこの繋がりを形づくっているという考えを示した者もいた．しかしながら，多くの哲学者にとっては，この心身問題が，二元論を拒否して何らかの形の一元論を支持することに繋がった．あらゆるものが根本的に物理的であるか（物理主義または唯物論），あるいは，非物質的であるか（観念論）のいずれかである．スピノザは，二元論と一元論の両方の側面を組み込んだ理論を提案した（100 頁参照）．

二元論	一元論
デカルト的二元論 物質と心は平等で根本的で，どちらも他方に属していない	物理主義 すべては本質的に物理的
	観念論 物理的な物質は心の観念に従属する
	「中立的一元論」 第三の実体が物質としても心としても現われる

ルネサンス・理性・革命　　99

100 スピノザ：実体と属性

オランダの哲学者ベネディクト・スピノザは，職業はレンズ職人だったが，光学だけでなく，物理学，天文学，数学などの広範な知識があった．哲学者としては，デカルトの合理論的認識論に惹かれ，その認識論は，彼自身の科学的思考によく適っていたが，デカルトの心身二元論には賛同しなかった．彼は，我々の合理的な思考は身体的な感覚とは異なるものだと認識したが，心と身体が別々である，あるいは，心と身体という二つの異なった実体があるということを，明らかに両者は相互に作用するので，受け入れられなかった．その代わりに，彼の著書『エチカ』で，あるかたちの一元論を提唱した．スピノザは，あらゆる存在するものは，この一つの実体で構成されているが，身体的な属性も精神的な属性も持っていると信じていた．その単一の物質は，もっぱら身体的でも，もっぱら精神的でもなくて，両方の側面を示している．スピノザの「中立一元論」または「属性二元論」は，デカルトの実体的な二元論（93頁参照）によってもたらされた，物質的実体と非形質的実体の間の相互作用の問題に対する解決を提供した．

101 スピノザ：神と自然

　スピノザは心底から信仰の厚い人物で，ますます機械論的になる宇宙の解釈において，その創造主として以外には，神には地位がほとんど与えられていないことを憂慮していた．彼は，精神と身体が切り離されていないのに劣らず，神は世界から切り離されておらず，神は無限にすべてに浸透しているので，神がそれでないようなものは何もあり得ないと信じていた．彼は世界の外にもいないし，中にもいないのであって，神こそが世界なのである．スピノザにとって，神は世界を構成している唯一の実体であり，身体的・精神的，両方の属性を持っているので，我々の宗教的，哲学的，科学的な概念は，同じ実在の異なる側面にすぎない．存在するあらゆるものは，同じ実体で構成されているので，宇宙あるいは自然，そして神は，同一である．神と自然が同一であるというこの信念，すなわち汎神論は，ロマン主義運動（131頁参照）において影響を持つようになったが，スピノザの信念は，その当時は無神論に等しいと見られた．彼はシナゴーグ（ユダヤ宗教組織）から破門され，彼の『神学政治論』はキリスト教会によって禁書とされた．

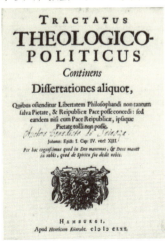

102 「二種類の真理」

　デカルト同様，ゴットフリート・ライプニッツは，哲学と同程度に数学にも貢献した．彼の立ち位置は本質的に合理論者だったが，彼は知識は推理思考によって到達可能だと信じていながら，理性の機能は不完全で，ある知識は外部世界から来るのでなければならないと認識していた．ライプニッツは，「二種類の真理」を識別した．思考の真理と事実の真理である．我々は「すべての独身男性は結婚していない」という命題の真理を，その用語を分析することで，事実を参照することなく，立証することができる．しかし「独身男性の方が既婚男性より長生きする」の真偽を探求するには，その内容の事実関係に目を向ける必要が出てくる．これら2種類の言明の違いは，のちの哲学者たちによって，それぞれ分析的・総合的として言及されるが，その違いがとくに明確になるのは，それらを否定する場合である．2+2=4のような思考の真理（必然的な真理）は，それを否定することが論理的に矛盾することなしには不可能だが，「水は100℃で沸騰する」のような事実の真理（「偶然的な」真理）の否定は，たんに新たな総合的な言明（「水は100℃で沸騰しない」）を作るだけで，論理的に不可能なことではない．

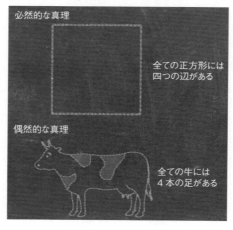

103 経験論

　理性の時代における科学の進歩は，ヨーロッパ大陸の哲学に対するのとはきわめて異なる影響をイギリス哲学に及ぼした．デカルトやスピノザ，ライプニッツの合理論に対抗して，イギリスの哲学者たちは，理性が我々の知の唯一の信頼すべき源泉であるという考えをしりぞけて，経験論という，反対の動きを発展させた．理性をはたらかせることが情報の評価のために重要であることを否定はしないが，その情報の源泉は外の世界であって，そこに近づけるのは我々の感覚を通じてだと，経験論者たちは信じていた．イギリスの経験論者たちは，とりわけフランシス・ベーコンの，観察・分析・実験による科学方法論（84 頁参照）の影響を受けていた．その方法論は，大陸の合理論者たちの，数学的な発想に立った推理と対照的であった．17 世紀には，トマス・ホッブズが，その唯物論的・機械論的見解とともに，近代経験論の土台を置いた．その起源は，アリストテレスにまでさかのぼられるものであったが，今やその見方は科学の進歩によって強化され，この後すぐに，英語圏の中心的な哲学として確立されるのだった．

イギリスの経験論哲学は，大陸合理論に影響を与えた数学の純粋な推論とは対照的に，自然科学の観察と実験の方法の影響を受けた

104 トマス・ホッブズ：機械としての人間

　トマス・ホッブズは，17世紀の科学的発見に積極的な関心をいだいていた．デカルトを含む数学者たちと定期的に文通していたが，彼はまったく異なる結論に達した．デカルトの心身二元論をめぐっての論争に刺激されて，彼は「非物質的実体」を形容矛盾としてしりぞけることで，自分が徹底した唯物論者であることを宣言した（神への信仰がまだ実質上強制的だった時代にしては，勇敢な宣言だった）．宇宙のなかのあらゆるものは，物理的，すなわち物質的であって，それ以外のものは何も存在しない．

　コペルニクスとガリレオの天文学に影響を受けて，ホッブズは宇宙の仕組みについて機械論的な見方をとり，人間さえも物理法則に支配された機械だと論じた．彼はとりわけガリレオの運動と推進力の理論に心をひかれて，その理論が我々の身体の振る舞いだけでなく，我々の心的な活動をも説明すると信じていた．我々の心は，物理的な「機械」であり，我々の心理は，それ以外の宇宙のあらゆるものと同じ物理法則によって支配されていると彼は論じる．

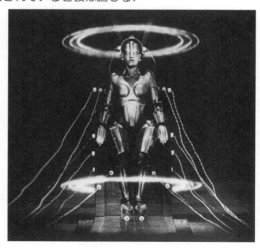

105 動物の権利

　人間を機械とみなすホッブズの唯物論的な見方は，かなりのちに，コンピュータや人工知能の分野で意味を持つようになったが，人間以外の生きものの心について，さまざまな問題を提起することにもなった．デカルトは，人間だけが意識のある心をもっていると信じ，動物を自動機械とみなした（96頁参照）．しかし，もしホッブズが正しくて，我々がただの機械であっても，それでも推理したり意識をもつことができるなら，同じことがおそらく動物にも当てはまる（動物が「ゾンビ」でないなら：97頁参照）．動物が我々と同様の意識をもっていると主張する議論は，19世紀におけるダーウィンの進化論や，人間がたんに別の種の動物であるという，進化論の含意よりも強力なものとなった．もし動物が人間と同様の「心」をもっているなら，おそらく動物は痛みや恐れなど，我々がもつのと同様のことを感じうる．このことを認めることによって，道徳上の，さらには政治的でさえある問題が提起される．我々の動物に対する行動は，他の人間に対する場合と同様に正しいものであるべきなのか．我々が動物の自由を制限することは，あるいはもっと悪い，動物の生命を奪うことは正当なのか．一言で言うと，動物も人間と同じ権利を持つべきであるのか．

経験論

106 ロックと知られるものの限界

　ホッブズがイギリス経験論の素地を作った一方で，その経験論の議論を初めて展開したのは，ジョン・ロックだった．1689年の『人間知性論』でロックは，我々が知りうることの限界を見出そうと試みた．我々は自分の意識の中の「観念」（この言葉で彼は，知性的概念だけでなく，感覚や感情なども意味した）しか理解できない．しかし，生得観念というのは不可能なことだと彼は結論づけた．なぜなら，それらを考えるためのメカニズムができる以前には存在できないので，我々の感覚が外的現実の唯一の情報源だから．そういうわけで，我々の知識は，世界の感覚経験に依存している．外部に何が実際に存在しているかとは無関係に，人間の知りうることの限界を決定づけるのは経験である．ロックは，我々が誕生する時に感覚知覚の機能と合理的思考の能力を持ってはいるが，その他の点では，我々の心は「タブラ・ラーサ」すなわち白紙状態で，世界に関する生得観念をもたないと信じていた．この白紙概念は，デカルトの合理論に対抗する議論をもたらしただけではなく，ロックの政治哲学（86頁参照）にも影響を与えた．

存在することは知覚されていること

　イングランド系アイルランド人哲学者ジョージ・バークリーは，ロックが提示した議論を極端にまで進め，物質的な実体は存在しないという「非物質論」の理論を提案した．ロックは，我々が直接に理解できるのは，自分の意識の内容だけであるという主張を確立していた．バークリーは，これは我々が物事の間接的な感覚経験しか持つことができないことを意味すると論じた．そして，ロックが，我々が経験する物事の客観的で測定可能な「一次性質」と，主観的な「二次性質」を記述したのに対して，バークリーは，我々は実際には物事を全然経験しておらず，それらの性質だけを経験してるのだと指摘した．我々は物事そのものをではなく，観念を知覚しているので，観念と，観念を知覚する心以外に，何かが存在すると信じる根拠はない．物事は，知覚するか，知覚される場合にのみ，存在する．したがって，物質的な実体というものは存在しない．キリスト教の司教であったバークリーは，現実は神の心の中に存在していると説明した．「存在することは知覚されること」という彼の思想の典型的な例は，森の中で倒れる木である．その音を聞く人が誰もそこにいない場合，それは音を立てるのか．

108 ヒュームと因果性

　経験論者のうち最も重要な人は，おそらくデイヴィッド・ヒュームであった．彼は，我々は経験を通じてのみ知識を得るというロックの議論に賛同したが，この原理を首尾一貫して適用することは，我々が何も確実に知ることはできないことを意味すると気がついた．経験論の主な欠点は，何かがほかの何かの後に起こるのを見たからといって，そこに因果関係があることの証明にならないということだと彼は指摘した．しかし，あることが別のことを引き起こすという，この概念は，世界を理解しようとするどんな試みにとっても根本的なものである．因果関係は，たんなる無関係な独立の出来事の集まりを見るのではなく，宇宙の構造を見るのに役立つ．ヒュームは，一見因果関係に見えるものは，出来事の「恒常的連接」にすぎないと論じた．我々が，ビリヤードの球が別の球に当たられると動くことになると考えるのは，そのことが経験の中でいつも起こっていたからである．しかし，わずかに遅らせてある時計が一貫して，合っている時計の数分後にチャイムを鳴らしても，我々はそこに因果関係を推測しない．直感的には，我々はこれらの事例が違うということを知っているが，我々がそう考える根拠は何なのか．

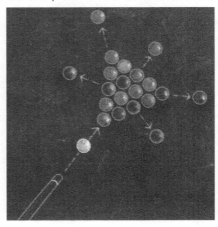

109 ヒュームの分岐点

　合理論者のライプニッツは，よく知られているように，思考の真理と事実の真理という「二種類の真理」(102頁参照) を区別した．ヒュームはこれに賛同し，道の分岐点を過ぎたあとの二つの異なる方向と似た仕方で，言明を「観念の関係」と「事実問題」のいずれかに分類した．しかし，ヒュームはこの考えを，ライプニッツとはきわめて異なる仕方で用いた．最初の種類の真理，すなわち観念についての分析的言明は，確実ではあるが，使われる用語の定義次第であるのに対して，二種類目の真理，つまり事実についての総合的言明は，我々が確信を持てない世界に実際にあるものを指す．例えば，「正方形は長さの等しい四つの辺を持つ」という分析的命題は，観念の関係として真実であることが証明できるが，この世界にそのような完全性は存在しないので，それは世界について我々に何も教えてくれず，事実問題の証明にはならない．確実であり，しかも世界について教えてくれるものは，何一つありえないとヒュームは結論づけた．我々は，道の分岐点を横切って別の道に渡り，観念の関係を使って事実の事柄を証明することはできないのである．

経験論

110 帰納の問題

　因果性の概念と,世界についての我々の知識の確実性に疑問を投げかけたことで(108頁・109頁を参照),ヒュームは近代科学の方法論の基礎に挑んだ.彼は,何かがいつも起こったからといって,これからもそれがいつも起こることになるという確信は持てないと,単純に指摘しただけだった.つまり,何かがそれを引き起こしてるとは言えないというのである.例えば,明日も日が昇るということを否定することは,矛盾する観念の関係を作り出さず,事実問題として不可能でもない.したがって,我々にはそれを信じるいかなる合理的な根拠もない.このことは,個々の事例から一般的な規則を導き出す帰納法は,論理的に妥当ではないという意味になるので,経験的な観測と再現可能な実験に基づいて,理論と一般的な規則を形成するために帰納法を用いる科学に,莫大な問題を提起した.この「帰納(法)の問題」は,20世紀にカール・ポパーが解決策を提案する(180頁参照)まで,哲学者たちを困惑させた.ヒュームはその問題に,彼に特徴的なユーモアのある流儀で立ち向かい,我々は確実性ではなく,希望に満ちた蓋然性を取り扱うべきであり,慣習を我々の導き手にすべきだと述べた.

プラハにあるこの時計のような天文時計は,無数の観測に基づいた天体の位置を示しているが,我々はその動きが予測可能だと確信できるのか

111 常識

　イギリス経験論の際立った特徴は，常識に訴える点にある．この無意味さを許さない論法の伝統は，ウィリアム・オッカムによる不必要な命題と抽象の削減や，フランシス・ベーコンによる，どんな仮説に対しても証拠の組織立った検討をすること（71頁・84頁参照）を起源としていた．ロックは「問題の事柄の明白な事実」に繰り返し言及したし，バークリーの「主観的観念論」はこの通例の例外であったが，彼の考えはのちに，地に足がついたヒュームにより反駁されている．しかしヒュームは，論理的推論はしばしば受け入れがたい結論に我々を導くこと，その場合我々は，証拠を天秤にかけて判断を下すために，自分たちの経験を用いる必要があることを認識していた．彼はまた，すべての超自然的なものに懐疑的であった．例えば「奇跡」は，その定義上，世界についての我々の経験に由来する自然法則に違反する．常識は（世界についての我々の経験の一部でもあるが），我々の経験すべてに矛盾する出来事が奇跡によるものである見込みは，我々の感覚が欺かれているか，その出来事の説明が誤りであるかの公算よりも小さいということを我々に教えてくれる．

5000人を養ったという奇跡は，明らかに自然の法則に逆らっているが，我々の感覚が騙されているか，話が捏造であるかの可能性のほうが大きい

経験論　　111

112 理性は情念の奴隷

　ヒュームは，我々を取り巻く世界を取り扱うに当たって，理性に頼ることの根拠をすべて効率的に排除した．我々が未来に期待できるように，彼は，我々が慣習を導き手とすることを提案し，常識に訴える「緩和された懐疑論」を推奨した．それでも彼は，我々が概して，理性よりはむしろ，彼が「情念」と呼んだ，感情的で本能的な衝動に基づいて判断し，決断を下すことを認識した．

　たいていの場合，彼の観察によれば，我々の理性はさまざまな情念の支配下におかれ，我々が合理的な思考を用いるのは，それらの情念を正当化したり満足させたりするためだけである．愛や憎悪といった情動，そして飢えや，性欲，自己保存といった衝動は，理性が我々の決定に合理的な根拠がないと告げる場合でも，非常に強力で説得力がある．ヒュームの言い方を借りると，理性は情念の奴隷であるために，我々は時々間違った判断を下す．しかし，すべてを考慮してみれば，我々の本質的な衝動を合理的に正当化することができないためにその衝動を否定するよりも，我々の情念を満足させるために何かをする方がましなのである．

我々の頭を心情の支配にまかせることは，時にシェイクスピアのロミオとジュリエットの死のような悲劇的な結果をもたらす

113 存在 対 当為

　我々の意思決定における理性の役割についてのヒュームの懐疑論（112頁参照）は，道徳哲学についての彼の見解にまで及んだ．ほとんどの道徳哲学者の著作において，客観的な説明から主観的な指示への唐突な移行があると，彼は述べた．著者は，「である」または「ではない」を使った言明から「するべきだ」または「するべきでない」を使った命題へと飛躍している．この変化には，彼の意見では，説明が必要であって，理性単独では確実な根拠を与えることはないという彼の見解からすると，「である」から「するべきだ」を引き出すことは，道徳的な判断を形成するための正当化できる根拠にならない．20世紀のイギリスの哲学者A・J・エイヤーはヒュームに賛同し，この「自然主義的誤謬」は，書き手がある言明についてどのように感じているかを示す以上のものではないと論じた．エイヤーの情緒主義，または，「万歳・くたばれ説」は，道徳的な命題が客観的な事実の言明のように見えようとも，実際には主観的な言明であることを示している．誰かが「殺人は悪いことだ」というとき，それは実際には，「殺人？ くそくらえ！」という返答に代わる感情の表明であり，「博愛は良いことだ」の本当の意味は，「博愛に声援を！ フレー！」だということである．

経験論

114 知識：正当化された真なる信念か

　合理論者と経験論者という両派の間の違いは本来，我々がどんな仕方で知識を得ると彼らが考えるかによるものだった．しかし，知識とは正確には何であるのか．古代ギリシア人によって定められた定義は，「正当化された真なる信念」である．何かが知識となるのは，三つの条件が満たされたときである．すなわち，私はそれを信じ，それは事実の点で真であり，私にはそれを信じるための立証可能な正当性があるということだ．しかし，1960年代にエドムント・ゲティアが，この条件は不十分であることを示した．例えば農夫が，自分の牛がいなくなったと心配しているとする．友人がその牛を野原で見かけたと断言するので，農夫は見に行って，彼の牛の形をした黒白模様を目にする．友人も確認しに行くが，彼はその牛が樹々の間に隠れているのと，大きな黒白の紙が野原にあるのを見つけた．そこで彼は，農夫がその紙を牛と見間違えた事に気づく．農夫は，牛が野原にいると信じ，それは事実の点で真であり，彼の信念は友人の証言によって正当化される．しかし，この場合，彼がそうであると知っていると言うことは正しいのか．

【訳注】　クセノパネス（18頁参照）が，人間が知と考えているものは，正しく言い当てていても，思わくにすぎないと言ったとき，正当化できるか否かという条件はなかった．プラトンが思わくが知識になる可能性を考えたとき，必要とされたのは，たんなる正当化ではなく，理論的な根拠であった．「真実と信じるに足りる相当な理由」は，司法判断のようなものには関係するかもしれないが，知識を保証するものとは考えられなかった

115 実証主義

　経験論は，大陸の合理論に対抗して主としてイギリスで発展したが，フランスでは，科学的方法の原則に基づく，小さいが影響力のある運動もまた出現した．この運動，すなわち実証主義の中心思想は，唯一の有効な知識は確実に証明できるものであって，それゆえに真実は科学的知識にのみ見出されるということだった．

　実証主義者たちを導く人物は，オーギュスト・コントで，彼は哲学において，もはや形而上学的思索が役割を演じるべきではなく，科学的探究に置き換えられるべきだと感じていた．大陸の合理論的伝統と袂を分かって，彼は世界についての知識を確立するために，観察，理論形成，検証という経験的な手続きを提唱した．実証主義は，科学と哲学の間の亀裂がゆっくり拡大していく一つの兆候だったが，コントはまた，科学の基礎づけと方法，また科学のより広い含蓄を調べる哲学の分野である，現代科学哲学（177 頁参照）の開拓者とも見なされている．

経験論

116 社会学的実証主義

　実証主義（115頁参照）は，科学的に証明できる知識のみが有効と見なされうると提案した．これは，オーギュスト・コントによると，自然科学だけではなく，人間の社会的行動を考察する際にも有効な原則であった．コントは，物理世界が物理法則に従うのと同様に，社会も発見可能な法則に従って機能していて，我々は社会の知識を，主観的な内省や直観から得ることはできず，客観的な科学的研究を通じてのみ得られると論じた．この考えは，現代の社会学分野の基礎となり，19世紀後半の社会学者エミール・デュルケームに影響を与え，実践的な調査研究を通じて，この科目にさらに科学的な足がかりを与えることになった．コントは，人類学，経済学，政治学を含む，他の社会科学の基礎づけにも影響を与えた．そして，カール・マルクスは，コントの社会学的実証主義そのものは拒んだが，形而上学的な哲学の仕方は現代世界とは無縁であり，社会科学の理論は科学的方法を用いて正当化されるべきであるという見解は共有した．

117 『種の起源について』

　科学の文化への影響は，1859年に出版されたダーウィンの『種の起源について』とともに，19世紀半ばに最高潮に達した．それは哲学的な著作というよりは，科学的な著作だったが，彼の自然選択による進化論は，哲学の多くの側面に新たな展望をもたらした．コペルニクスによる太陽中心の宇宙の提案が，宗教的権威に挑戦し，新興のルネサンス人文主義の象徴的存在になったのと同じように，ダーウィンによる進化の説明は，人間を動物の一つにすぎないものとして示した．人間は，自然界から切り離されたものではなく，その一部であることになる．彼の後の著書『人間の由来』では，彼は進化論の原則をとりわけ人間に適用して，我々が動物から進化したことを初めて明白に述べ，そのことによって，推理思考する能力のために他の動物よりも優れているという，それまでの人間概念に挑戦した．しかし，哲学への影響という点でおそらく最も重要なのは，人間は神の創造の頂点ではなく，単に自然界の進化の一段階であるという，言外に意味された考えだった．

経験論

118 進化・創造論・知的意図

　ダーウィンの自然選択理論は，ルネサンスから開かれた科学と宗教の隔たりを更に広げた．『種の起源について』は，明らかに聖書の創造の説明と矛盾していて，信仰対理性の論争を再燃させた．一方には，聖書が文字通りに真であることを信じる天地創造論者，他方には，ダーウィンの支持者がいた．しかし，その間にも，知的意図によって神の存在を支持する議論は存続していた（58頁参照）が，これは今やダーウィンの理論によって実質的に覆された．人間を含む生命の多様性は，生命体が環境に適応した結果であり，生きるものの一見「賢さ」に見えるものは，環境への適応力の問題であって，（神の）意図の問題ではない．

　ダーウィンはキリスト教徒として育てられたが，神の存在は信じ続けたものの，彼の理論を発展させるにつれてますます不可知論者になっていった．アイザック・ニュートンのように，彼は神が宇宙と，宇宙を支配する自然選択などの法則を創造したが，そのあとでは，それ以上介入する理由は持たなかったと信じていた．

1. Geospiza magnirostris. 2. Geospiza fortis.
3. Geospiza parvula. 4. Certhidea olivasea.

フィンチのくちばしのさまざまな形などの特徴を観察することによって，ダーウィンは種の多様性は進化の結果であり，神的な不変のデザインではないと結論づけた

119 イギリス自由主義

　18世紀の終わり頃,急速に工業化した欧米の国々は,民主的な制度を確立しようとしていた.アメリカとフランスにおける革命に続いて,社会的正義と個人の自由を確保するために憲法が起草された.1世紀前のイギリス自身の革命は,立憲民主制を確立し,イギリスの政治学者は,民主社会の組織と,権威と自由のバランスについて理論化するには,ほぼ間違いなく比較的好都合な立場にあった.ヨーロッパの他の地域では形而上学の重要視が続いていたが,イギリスの思想家は道徳・政治哲学に焦点を当てて,それらを,社会契約説の遺産と,ヒュームの実践的な経験論(86頁・108頁参照)の上に築き上げた.自由主義の伝統(左翼の意味ではなく,自由放任の意味で)は,エドマンド・バークの保守的な自由主義とアダム・スミスの経済的自由主義のうちに現れた.その間に,ジェレミー・ベンサムは,より急進的な道徳,政治哲学を提案したが,これは,19世紀イギリスで最も著名な哲学者,ジョン・スチュアート・ミルに影響を与えることになる.

経験論

120 政治経済学

　デイヴィッド・ヒュームは，経験的な知の問題に関する彼の影響力のある研究（108頁参照）だけでなく，政治哲学に，とりわけ物品やサービスの交易の問題に関心を持っていた．彼はアダム・スミスと一緒に，エジンバラに拠点を置く知識人のサークルに属していて，スミスはヒュームの考えを多く共有し，それらを発展させて，1776年の『国富論』で，本格的な政治経済学の理論に到達した．スミスの著作は，道徳哲学から離れて，近代経済学のより科学的な研究方法へと転換したことを示す目印になった．彼は，人間は自己の利害のために行動するが，市民社会では協力し合わなければならないと説明した．すなわち，我々は商品やサービスを必要としているので，相互利益のためにこれらを交換する契約を交わす．市場の「見えざる手」に導かれ，個々の業者の自己利害も社会全体の利益のために働く．それゆえに，スミスは経済的な自由主義を提唱した．すなわち，これらの利益が我々に「生まれついての自由」を享受する自由をもたらすことができるように，自由市場の働きに関する政府の干渉は最小限であるべきだというのである．

アダム・スミスは，相互利益のための商品やサービスの交換という意味での市場の重要性を強調した

121 保守主義

　自由と権力のバランスをとるにあたり,「古典的自由主義」として知られるようになった考えは, 政府は市民の自由にできるだけ干渉しないことを勧奨した. しかし, 自由主義者の中には, 誰が統治すべきで, 社会はどう変わるべきかについて, 保守主義的な意見を持つ者もいた. 例えば, イギリスの国会議員エドモンド・バークは, よく知られているように, アメリカの独立を支持し, 植民地への政治的・経済的な圧力を弱めるように主張したが, 保守派としてフランス革命には反対した. バークは, 社会というものは, 代々蓄積されてきた英知の上に, 徐々に発展した結果, 複雑な組織になると信じた. 一人の思想家または小さなグループの理論が, 組織的に進化してきた社会の構造に, 突然取って代わることができるなどと考えるのは間違いなのである. 彼はまた, 社会の物質的・文化的な財産を保護するためには支配階級があるべきだと, そして, 貴族階級は彼らの前にも何世代にも渡る支配の伝統の中で生まれ育っているので, この役割に最も資格があると考えた.

チャッツワースのようなイギリスのカントリーハウスは, しばしば保守主義的支配階級の理想の砦とみなされる

経験論　　121

122 ベンサムと功利主義

18 世紀の終わりに，イギリス経験論に劣らず，フランス革命前の政治哲学に影響を受けた「自由思想家」の運動がイギリスで発展した．その一人がジェレミー・ベンサムで，彼は，功利主義的な道徳哲学の体系を提案した．その哲学では，行為は，それが有益な結果をもたらす場合の有用性によって判断される．すなわち，道徳的に良い行為は，快楽を最大化し，苦痛を最小化する．擬似科学のような仕方で，ベンサムは「最大多数の最大幸福が正・不正の評価基準である」となるような「幸福計算」を考案した．彼は同じ原則を政治にも適用し，彼の計算では，「誰もが一人として数えられ，誰も一人以上とは勘定されない」と強調した．この見方に基づくと，多くの現行の法律や慣習は，とくに個人の道徳に関するものは，不必要に権威主義的に見えたのに対して，例えば，労働者の搾取を許可する法律は過度に緩かった．ベンサムの考えは，多くの 19 世紀の社会改革に活気を与え，のちにはイギリス社会主義運動の創始に影響を与えた．

123 『自由論』

　ベンサムの功利主義では，行為の正しさは，その結果によって，すなわち，それらの行為がどれだけの快楽や苦痛を引き起こすかによって判断される．これは，ヨーロッパの道徳思想に影響を与えたイマヌエル・カントの，行動の動機と道徳的「定言命法」に基づく道徳哲学体系（129頁参照）とは明確に対照的であった．イギリスにおける自由主義者の，政治や経済に対する自由で放任的な対処法もまた，他の地域の，より特定の思想に基づいた政治哲学との区別が際立っている．アダム・スミスが指摘した自己利害（120頁参照）のような，動機の道徳は，社会にとって有益な結果ほど重要ではない．父親がベンサムの友人だったジョン・スチュアート・ミルは，功利主義の道徳原理だけでなく，個人の自由という，自由主義的な政治的理想の重要な擁護者だった．著書『自由論』で，ミルは功利主義の比較的柔軟な改訂版を提供したが，そこでは重点は個人の自由に移って，「危害原理」が導入される．彼の意見では，他の誰かに危害を加えたり，同じことをする能力を制限したりしない限り，人々の行為は自由であるべきである．

イギリスの警察は，権威主義的な法律を課すというよりは，人々の利益を保護するために設立された

経験論

124 『二つの自由概念』

　他の誰にも害を与えない限り，個人が普段の生活を自由に送ることができるという自由の概念は，20世紀半ばまでほとんど当然のこととされていた．しかし，アイザイア・バーリンは，『二つの自由概念』（1958年）において，我々が一般的に自由と呼ぶものは「消極的（否定形の）」自由，つまり外部からの干渉のない自由であると説明した．それに対して，彼が「積極的（肯定系の）」自由と呼んだものは，内面から来るもの，個人の自律を達成して自分の潜在能力を実現するための資源を持つことから来るものである．消極的自由は他者との相互作用によって定義されるのに対して，積極的自由は個人的な自己展開に関わっているが，前向きな社会的状況における認識と参加によって育まれることも可能である．バーリンは，消極的自由と積極的自由は両方とも価値があると信じていたが，積極的自由には危険が伴うとも考えていた．個人的に積極的自由を持つ人たちは，フランス革命後のロベスピエールがたまたまそうであったように，専制的になる可能性がある．その結果は，力を持つものだけの自由である．バーリンの言葉で言うと，「ミノー（小魚）とパイク（大魚）が放流された湖では，パイクの自由はミノーにとっての死を意味する」のである．

ウジェーヌ・ドラクロワ「民衆を導く自由の女神」（1830年）

125 女性の権利

　フランスとアメリカの革命のあとに続いた民主主義は，自由と平等の原則の上に築かれた．とくに1789年のフランスの「人間の権利と市民の権利宣言」（いわゆる「人権宣言」）には，「自然権」についての頻繁な言及があった．しかし，劇作家のオランプ・ド・グージュは，彼女の（人権宣言に対する）返答「女性と女性市民の権利宣言」で，あからさまな欠落を指摘した．イギリスではメアリ・ウルストンクラフトが同様に，トマス・ペインの『人間の権利』に，『女性の権利の擁護』で対抗した．女性の平等な権利への大きな一歩は，哲学者ハリエット・テイラーのジョン・スチュアート・ミルとの友情と後の結婚とともに訪れた．彼は彼女を知的に平等と見なし，尊敬を得ている哲学者であり国会議員として，彼女の言い分を推進することが比較的可能な立場にあったので，彼女の考えに基づいて『女性の解放（女性の隷従）』を書いた．彼は，プラトンとエピクロス以来，性的平等を提唱した最初の男性哲学者であり，女性の権利のための運動を行ない，1866年には，女性の投票権を提案をした最初の議員となった．

経験論

126 ドイツ観念論

　啓蒙の時代に支配的だったのは，フランスとイギリスの哲学者たちだったが，1780年代からは，哲学はドイツ語圏の方がより盛んになり始めた．イマヌエル・カントはドイツの大哲学者の最初の人で，ドイツ哲学の1世紀の出発点となる思想を唱導した．合理論と経験論という，明らかに対立する見解を結びつけて，カントは，彼が「超越論的観念論」と呼ぶ形而上学を提案した．これは，それ自体としてある世界という，我々が理解できない世界の存在を認めると同時に，我々が感覚を通して経験するとおりの世界を説明するものだった．彼の思想が触発した支持者のうちには，シェリング，フィヒテ，ショーペンハウアー，ヘーゲルが含まれ，そのそれぞれが観念論の独自な解釈を持っていた．観念論はまた，フォイエルバッハやマルクスといった哲学者たちが，ヘーゲルの考えのうちのあるものを，唯物論的見解を主張するために採用した時に，反発を引き起こした．この見解は，宗教にも批判的で，ますます懐疑的な無神論になっていく哲学の始まりの目印となり，その傾向は「神は死んだ」というニーチェの有名な宣言で最高潮に達した．

18世紀末頃から，ドイツの文化（音楽，文学芸術，哲学）が，100年以上にわたって西洋世界を支配した

127 合理論と経験論の調停

　イマヌエル・カントは，彼の経歴の後期に至るまで，合理論者だった．彼は，ヒューム（108頁参照）の著作を読むことによって，この「独断のまどろみ」から目覚めたと主張したし，また科学の進歩の影響を受けて，経験的に導き出された証拠の重要性を認めるようにもなった．1781年の代表作『純粋理性批判』で彼は，合理論と経験論という二つの明らかに対立する理論を調停することに着手した．カントは，ものを空間と時間のうちに認識できるようになる，彼が「感性」と呼ぶものを，我々は持っているだけでなく，空間，時間，実体といった概念を認識する「悟性（理解力）」も持っていると論じた．彼はこれらの概念を悟性の「カテゴリー」（実体，量，性質，関係，様相を含む）と呼び，我々が経験的に認識するものを理解するためには，それらの概念の知識をすでに持っていなければならないので，それらはア・プリオリ（先験的）であるか，生得的なものに違いないと推論した．したがって，我々は，世界についていくつかのことを身体的感覚を通して経験的に知るようになる一方，その経験に先立って，我々はそれらを規定する条件，つまり「カテゴリー」を，生まれつき理解しているのである．

ドイツ観念論

128 現象と知的対象(ヌーメノン)

『純粋理性批判』のなかで,カントは,我々が把握したり推理思考に委ねたりすることが可能なものの限界を見出そうとした.我々は物事を身体的経験だけを通じて捉えるが,我々が経験できなくても,それにもかかわらず現実に存在しているものもあるかもしれない.カントの説明によると,二つの世界があって,それは,我々が感覚を通して経験するような世界と,もの自体としてある世界である.我々の感覚が我々に伝えるのは完全ではない.我々の見るもの,聞くもの,触るものは,ものについての「情報」を我々に与えるが,それはそのもの自体ではない.カントは,知的対象(もの自体)と,現象(我々が経験するものとしてのそのものの姿)の区別をつけた.知的対象の世界は,超越論的である.つまり,我々の経験や把握を超えて存在する.しかし,我々は現象的な世界を,我々の感覚と,理解(悟性)のカテゴリーを通じて知覚するので,その世界は,経験的には現実存在であるとともに,超越論的には観念的なのである.カントはこの理論を「超越論的観念論」と呼んだ.したがって,科学は現象的世界についてさまざまな物事を発見できるが,経験に依存しない現実存在の本性は,常に我々の理解を超えている.

【訳注】「ヌーメノン」のもとは,ギリシア語の nooumenon(ノウーメノン)「知性によって知られるもの」という意味の言葉であり,プラトンは,これを見られるもの(感覚されるもの)と対比した.「現象」と訳される Phenomenon は,ギリシア語の phainomenon(パイノメノン)「現れるもの」である.「現れる」の意味範囲は広く,「(目に見えて)明らかである」ことから,「一見そう見える(思われる)」ことまでを含む.なお,どちらの語も,複数形では語尾が -on から -a に変わる

129 定言命法

　カントは，彼の「超越論的観念論」を発展させて，認識論，形而上学，倫理学を含んだ，包括的な哲学体系にした．彼の道徳哲学の基礎となったのは，理性的な生きものとして我々は，善悪の生得観念と，道徳選択をなすための自由意志をもっているという，彼の信念であった．だが，彼は伝統的な考えとは別れて，道徳的か否かは，結果から判断するのではなく，意図や動機にもとづいて判断すべきだと論じた．何かが正しい，あるいは間違っているということに妥当な理由があるなら，それは「普遍的に」妥当でなければならないと彼は考えたのである．道徳は，科学と同様に，理性に基づいており，道徳法則は，自然法則のように，例外がない．カントは，この「定言命法（無条件的命令）」を，よく知られているように，「普遍的な法律になることをも君が望むことができる格律にのみ従って行為せよ」と表現し，のちに，他者をたんなる目的実現の手段としてのみ扱うことはつねに間違っているという考えを付け加えた．普遍的道徳法則という考えは魅力的に見えるかもしれないが，それを正当化することは，純粋に結果主義的な倫理学を正当化するのと同じぐらい難しい．例えば，我々が嘘をつくことはいつでも悪いと信じているならば，匿っている逃亡奴隷を守るために嘘をつくことは道徳的に悪いのか．

ドイツ観念論　　129

130 道徳性は現実性である

　カント流の観念論は，ヨハン・ゴットリープ・フィヒテにより，さらに一歩進められた．フィヒテは，カントの崇拝者だったが，知的対象すなわち物自体の概念をしりぞけ，絶対的な観念論の体系を提案した．この体系においては，外部の現実は認識する精神の創造物である．

　ヒュームとカントは，科学的法則が経験的観察から導き出すことができないことをすでに示していた（128頁参照）が，フィヒテはその逆が可能であると信じていた．彼は，例えば，ニュートンの提案した物理学の法則が真だと考え，我々は宇宙の構造についての生得観念を持っていて，そこから経験的な現実を演繹できると論じた．認識する主体，フィヒテが「私」と呼ぶものが，「非-私」である外部の現実の原因である．この見方では，自己は受動的な観察者ではなく，能動的で，選択を行う自由を持っている．このことが意味するのは，我々の存在が本質的に道徳的であるこということである．これをもとにフィヒテは，現実はその道徳的な自己の創造物である以上，本質的に道徳的な性格のものでなければならないと論じた．

「人がどのような哲学を選ぶかは，その人がどのような人格であるかによって左右される」ヨハン・ゴットリープ・フィヒテ

131 観念論と自然

　ドイツ観念論の時期は，芸術のロマン主義運動の成長期と重なっていた．感情の重視と自然による魅惑によって，ロマン主義は科学的合理化と工業化に対する反動として発展したが，それはまた，ルソーの自然状態の見方と，スピノザの汎神論（88頁・101頁参照）にも影響を受けていた．

　ドイツのロマン主義芸術家・作家・知識人の社会にフリードリヒ・シェリングも属していたが，彼の自然哲学は彼らの思想と一致していた．シェリングはフィヒテの思想に反発し，認識する主体は対象なしには存在できず，また逆も同様であると論じた．現実は「私」の創造物ではなく，主観的な経験と客観的な外部の現実の間にはいかなる違いもない．つまり，生は物質から切り離されておらず，自然は生きものであり，その創造性によって特徴づけられる継続的な発展過程である．シェリングにとって，人間の創造性は，自然の自己意識に向かう発展の頂点を表しているのである．

カスパー・ダーヴィト・フリードリヒなどのドイツのロマン派芸術家たちは，人間と自然の関係を探索した

ドイツ観念論　　131

132 『意志と表象としての世界』

　アルトゥール・ショーペンハウアーはカントの大変な崇拝者で，現象と知的対象という彼の考えを熱心に吸収した．彼の著書『意志と表象としての世界』（1818年）で彼は，その思想をさらに一歩進め，二つの別々の世界ではなく，二つの異なる側面を持つ，一つの世界があると提案した．カントが知的対象（ヌーメノン）の世界として説明したものは，ショーペンハウアーの議論では，物自体から構成されることはできない．物自体が相互に異なっているためには，時間や空間の点で異なるところに存在しなければならなくなるからだが，他方で，時間と空間は現象世界の一部である．さらにまた，因果関係も現象世界にしか存在しないので，知的対象は現象を引き起こすことはできない．したがって，（知的対象である）意志の行為は，身体の動きのようなものを引き起こすことはできない．彼は，それゆえ意志と運動は同一であると結論づけた．現象世界と知的対象の世界は，別々の世界ではなく，同じものが，二つの異なる仕方で経験されているものである．すなわち，内面からの意志と，外部からの表象である．我々は自分自身の意志は経験することができるが，他のものについては，その内なる意志ではなく，表象しか経験できない．

> Man can do what he wills, but he cannot WILL what he wills.
>
> (A. Schopenhauer)

人間は自分が意志することを行うことはできるが，意志することを意志することはできない（A・ショーペンハウアー）

133 普遍意志

　ショーペンハウアーによると，世界は，外部からは表象として，内部からは意志として経験される．カントが知的対象の世界と呼んだもの全体を，ショーペンハウアーは，意志によって特徴づけられると言った．そして，時間と空間は知的対象の領域に存在しないため，（それらによる）差別化はありえない．意志は普遍的で，不可分で，無時間でなければならず，それゆえに，我々自身を含むすべての個々のもののうちにある意志を含んでいる．あらゆる個人の意志は，一つの普遍的な意志の一部であって，普遍意志のほうは，彼が見るところ，意識や知性を持たず，無人格的で無目的のものである．それはある種のエネルギーのようなもので，我々の基本的な衝動や本能を含めて表象の世界をコントロールしている．ショーペンハウアーは，そのような欲望を満足させようとする試みは失望と欲求不満に陥る運命にあると信じていた．唯一の救いの希望は，普遍的な意志から独立できるという幻想も，満足を得るいかなる希望も諦めて，いつか我々が存在しなくなることを受け入れることである．これは，ショーペンハウアーがのちに熱狂的に研究したヒンズー教と仏教の信仰に驚くほどよく似ている．

19世紀のアヘン窟は，個人的な満足を求めることの絶望感を体現していた

ドイツ観念論

134 現実は歴史的過程である

　カントと同様に，ゲオルク・ヘーゲルは，哲学の「体系」を展開したが，カントの思想の土台の上に立脚しながらも，彼はカントの思考の根本的な誤りと見なしたものを修正した．ヘーゲルは，物自体の概念を単なる抽象化として却下し，存在するものとは，何であれ意識に明らかになるものであると論じた．ヘーゲルにとって存在とは，思考主体すなわち意識と，その対象すなわち外部世界とを，そのうちに同一のものとして包括する，単一の全体である．彼が精神（ガイスト）と呼ぶものは，この本質的に非物質的な現実存在のうちに，我々の制度や意識を含む，あらゆるものを包括している．ヘーゲルはまた，カントの「カテゴリー」という我々の経験の枠組みが，明確で不変であるという考えをしりぞけた．その代わりに，彼は我々が意識しているものだけでなく，意識自体も変化をこうむり，進化の過程の一部であると考えた．我々は世界の変化を歴史の進歩として見ているが，これらはそれ以上のものであって，全体としての精神における変化の実例である．現実が，それ自体，力動的で歴史的な過程なのだ．

革命，特に1790年代のハイチの奴隷反乱は，ヘーゲルにとって精神の変化が社会的な変化の不可欠の部分であるという考えを裏づけるものだった

135 ヘーゲルの弁証法

　ヘーゲルは，現実を歴史的な過程だと描写し（134頁参照），その上で，現実を包括する精神が絶えず進化しているだけでなく，この進化の過程もそれを支える構造を持っているという考えを追求した．彼はこれを，弁証法的な進行の観点から解説した．彼の主張によれば，どの概念も，それ自体のうちに矛盾した概念を含んでいて，二つの対立する概念の間の相克関係は，新しい概念の出現によって解決される．彼は，最初の概念を「措定（テーゼ）」，それと矛盾する新しい概念を「反措定（アンチテーゼ）」，結果として生ずる新しい概念を「総合措定（ジンテーゼ）」と呼んだ．例えば，独裁制の概念のような「措定」の中では，独裁制からの自由という概念は「反措定」として存在している．これら対立する概念の解決，「総合措定」は，法の支配を通じての正義という概念である．総合措定は，それが派生したもとの措定よりも意味が豊富になっていて，出来事の歴史的進行という意味だけでなく，（我々自身の思考や意識も包括する）「精神」が，それ自身について，より良くて，より真に近い理解に到達することを可能にする過程という意味ももっている．

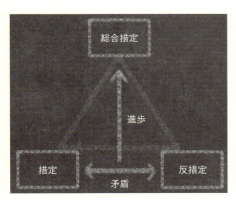

【訳注】 弁証法（独 Dialektik, 英 dialectic）は，ギリシア語のディアレクティケー（対話の技術，問答法）に由来する言葉であり，ヘーゲル自身も「対話」とのつながりを意識しているのは明らかである．対話の一般的な効用として，同じ事柄を違った視点から見ている人同士が対話を交わす時，両者の視点を超えた総合的な視点に到達することがある．例えば，「生きる」とは，生命的能力を働かせることだと考える人と，死に向かって行くことだと考える人が対話する場面が想像できよう

ドイツ観念論　　135

136 疎外と時代精神

　ヘーゲルは，単一の現実があって，これは本質的に物質的なものではなく，彼がガイストすなわち精神と呼ぶものであると信じていた．我々が知覚している現象は，我々自身の思考や意識でさえ，この一なる精神の一面にすぎず，この精神は，弁証法の手順を通じて時間の中で持続的に進化している．その結果，どの時代の期間にも，それに固有の異なる精神，すなわち「時代精神」があって，その中で我々の思考や意識の様式は，その発展の特定の段階にあるのである．

　我々は皆，この時代精神に巻き込まれ，その観念や制度の枠内で生きていて，我々もそれらの観念や制度を創造する役割を果たしている．しかし，これらはしばしば，我々が送りたい生き方とは異質でありうるような行動規範で，我々を制約する．時代精神の一部であるにもかかわらず，我々自身の思想は，我々を取り巻く世界と調子が合わない可能性があり，他ならぬ我々が作り上げた社会的および政治的体制からの「疎外感」を感じる．このことは，我々の世界から独立にある神に我々の理想を投影することによって，我々の宗教制度ににまで範囲が広がるかもしれない．

チャップリンの軽妙な演技と深い社会批判が融合した名場面（「モダン・タイムス」1936年）

137 唯物論と無神論

　ルートヴィヒ・フォイエルバッハは，ヘーゲルの影響を大きく受けたが，ほとんど対極的な哲学を発展させた．ヘーゲルは観念論者であって，現実は究極的に非物質的であると信じていたが，フォイエルバッハは唯物論者で，非物質的領域の存在を否定した．そして，ヘーゲルが神，すなわち「絶対精神」に我々の理想を投影すると言ったところを，フォイエルバッハはさらに先に進んで，我々は実際にはこれらの理想を具現化する空想的な存在を作り出し，それを神と名づけたのだという考えを示した．神学は単純に言えば人間学であって，導きを求めて神的なものに目を向けるよりも，自分たち自身を，我々がそれのせいにしている徳の，真の源として調べるべきだと彼は述べた．フォイエルバッハの道徳哲学は，神的な徳よりもむしろ人間の徳に確固として基づいていた．彼の思想は，のちに幾人かの右翼の政治学者によって採用されたが，フォイエルバッハは左派の自由主義者で，その影響は政治革命の哲学において最も明瞭に感じとられた．彼の無神論的唯物論は，ヘーゲルの歴史的変化の弁証法的過程や「時代精神」という概念と，カール・マルクスの思想とを結びつけるものになった．

ドイツ観念論

138 弁証法的唯物論

　カール・マルクスは学生時代に，ヘーゲルの理論，とくに歴史的進歩の弁証法に関心をいだくようになった．しかし，他の左翼の「青年ヘーゲル派」とともに，彼は弁証法を政治的・社会的な進行過程と見なした．マルクスは唯物論者であり，フォイエルバッハの崇拝者だったが，「哲学者たちは世界をさまざまな方法で解釈したに過ぎない．重要なのは，世界を変えることだ」という有名な言葉を言い放って，同時代のドイツの形而上学への没頭を拒否するに至った．

　ヘーゲルの弁証法の枠組みを採用し，それを彼自身の考えに適用することによって，マルクスは歴史の過程を，精神ではなく社会的・経済的関係の観点から分析した．この弁証法的唯物論では，措定と反措定の矛盾は階級間の闘争という矛盾だった．例えば，封建領主という措定と農奴という反措定から，都市生活という総合措定が生まれた．マルクスは，哲学は歴史を一連の階級闘争として分析するだけでなく，階級のない社会へ向かう将来の進歩のための見通しを提供することもできると信じていた．

【訳注】マルクス主義を理論の視点から見ると，唯物論という，ヘーゲルとまったく違う前提に立ちながら，なぜ弁証法を適用したのかには疑問が生じる．弁証法の基本にあった対話のメカニズムは，精神的な事象だからこそ理解できるものである．他方で，自然科学を支えるような実証的な視点が生かされているかも，十分に検討されてきたようには見えない．政治運動においては，実践の優先が理論の検討を軽視する傾向につながることの一例であろう

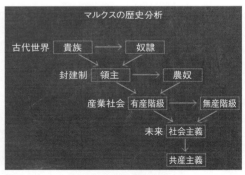

マルクスによる歴史の弁証法的分析では，古代世界の不平等から共産主義の平等主義的未来への不可避の進歩がある

139 『資本論』

　マルクスの政治哲学は，歴史を一連の階級闘争とする見方に基づいていた．19世紀半ばまでに，労働者階級の「プロレタリアート」と，彼らの雇用主である資本家との間には，明らかに敵対関係があった．資本主義は，工業化された世界の支配的な経済制度となっていたが，マルクスは同時代の階級闘争の分析の一環として，それに対する包括的な批判，『資本論』を書いた．生産手段の所有者は，労働力によって生産される資本の蓄積を通じた利益に動機づけられていると彼は論じた．マルクスはこれを，根本的に搾取的な関係と見なし，その関係の中では，労働者が自分たちを抑圧するシステムを維持することを余儀なくされ，その関係は最終的には，彼らを非人間化し，疎外するものだとした．また，彼は資本主義のいくつかの肯定的な側面も認めていて，封建制を改善したものとしてだけでなく，生産手段の改善と経済成長のための刺激としても認識した．しかし，彼は資本主義を歴史の中の一段階に過ぎないと見なし，弁証法の観点では，変化をもたらすことになる反措定を内部に含む措定と見ていた．

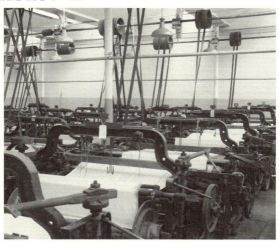

ドイツ観念論

140 社会主義と共産主義

　支配的な資本主義体制の経済分析と，歴史の弁証法的な見方を組み合わせて，マルクスは彼の革命的な政治哲学の基礎を開発した．資本家とプロレタリアートの間の敵対関係は最終的に統合を生み出し，共産主義のもとでの階級のない社会で最高潮に達すると彼は信じていた．この変化は，労働者の継続的な疎外の結果であるが，彼が資本主義体制に内在する不安定性と見なしたものによって引き起こされることになるだろう．資本主義が経済成長をもたらす潜在能力を認識しながらも，マルクスはそれが，大量失業を引き起こす周期的な危機と不況によって特徴づけられると指摘した．これらは最終的に，彼が言うには，「ブルジョア独裁」から，生産手段が労働者によって管理される「プロレタリア独裁」に権力を移す革命によって，資本主義の崩壊につながることであろう．マルクスにとって，この社会主義的な「労働者の民主主義」は，同様に，私有財産を持たず，階級や国家のない社会である共産主義へ向かう前進の一段階だった．

141 民衆のアヘン

　カントが知的対象の世界が我々の理解を超えているという考えを表明した際（128頁参照），彼は神の存在・非存在の証明はどちらも出来ないことを示した．ヘーゲルは，我々の神からの疎外感を指摘し，フォイエルバッハは，神は人間の創作であると論じた．すなわち，哲学の宗教からの分離がほとんど完了したのである．唯物論者でも無神論者でもあるマルクスは，神学は理性に置き換えられるべきだと論じ，宗教は，ある階級が自分たちの利益に反する信念を持たされうる仕方の一例だと見なした．「民衆のアヘンである」という彼の有名な宗教の定義は，宗教を，抑圧と疎外に直面して幻覚的な幸福を見つける試みと解釈し，幻覚を必要とする条件を取り除いて，真の幸福をもたらす条件に置き換えることによって，それを廃止するように要求した．これは，マルクスの哲学と歴史に対する合理論的なアプローチと軌を一つにしており，さらには，経済学，社会学，心理学などの新しい分野の出現とも，これらが科学的方法論を使用する哲学的起源をもつという点で，一致していた．

ドイツ観念論　　141

142 ニーチェ：神は死んだ

　フリードリヒ・ニーチェの哲学は，主としてショーペンハウアーに触発され，世界は至高の存在によってではなく，人格も目的ももたない「意志」によって動かされているという点で彼に賛同した．しかしニーチェは，現実は我々が生きている世界以上のものではなく，我々の生は我々が持っている一つだけだと信じていた．プラトン以来，多くの哲学は，ある意味では物理的な世界よりも優れた，別の世界の観念を含みもっており，ほとんどの宗教は，我々の生は，死後の別の「実世界」における，ある形の生の前触れであるとみなした．このこと以上に，我々（西洋人：訳者注記）の既存の道徳と価値観は，宗教，とくにユダヤ教，キリスト教，イスラム教といったアブラハムの宗教によって形成されてきた．それらは古代ギリシア哲学から思想を継承した．これらは，それらが始まったときの社会にとっては素晴らしいものだったが，現代の，多くの人々がもはやそれらの古い信仰に参加しない世界には，もはや無縁のものであると，ニーチェは論じた．唯物論の主張と科学や理性を前提にすると，我々は，この世界が，存在するすべてであり，古い宗教は無関係なものであることを受け入れなければならない．現代世界では，実質的に，神は死んだのだ．

143 人間と超人

　ニーチェは，我々が生きている世界が唯一の現実で，神も目的ももたないものだという考えを提示した．しかし彼は，世界を恐れて拒絶するのではなく，我々の生を最大限に生きるために，古い哲学や宗教，そしてそれらの価値体系を拒絶するべきだと信じていた．古代ギリシアの哲学者たちが称揚し，後世とくにキリスト教によって賞賛された徳は，我々の真の潜在力を実現することを妨げると彼は論じた．我々は自分にとって最適な価値を自由に選択でき，我々を宗教的な価値体系の奴隷のままにしておく謙虚さよりも，強さや能力などの徳を持ち上げる必要がある．ニーチェは，「あえてありのままの自分になる」ことで，我々はこの奴隷道徳から自分自身を解放し，善悪の彼岸におもむき，行為の道徳性を，それが生を肯定するかどうかで判断できるという考えを示した．この「力への意志」はまた，才能ある個人や潜在的な指導者の出現を可能にする．ニーチェはそのような人を「超人」と表現した．彼の著作『ツァラトゥストラはかく語りき』の題名の名前をもつ主人公が言うように，「人間は超克されるべき何ものかである」のだ．

ジャック=ルイ・ダヴィッド「サン=ベルナール峠を越えるボナパルト」（1801年）

ドイツ観念論　　143

144 実存主義

19 世紀には，ある哲学者たちは，ほとんどの哲学の客観的な立場を否定したが，それは，その代わりに人間の主観的な経験に焦点を当てるためだった．セーレン・キェルケゴールは，一見無意味な世界で決断を下すことができる自由に困惑と不安を覚えた，おそらく最初の人で，彼は，そしてその後でニーチェは，我々の選択が我々の存在の本性をどのように規定しているのかを考察した．どちらも自ら実存主義者と名乗ってはいなかったが，彼らの思想は，のちに実存主義として知られる哲学の考え方の基礎を形成した．エトムント・フッサールの現象学は，答えられない疑問をすべてを脇に置いて，我々が知っている世界に哲学を基礎づけることを提案するものだが，特にマルティン・ハイデガーに大きな影響を与え，ハイデガーは，キェルケゴールによって初めて記述された方向喪失の感覚を，より厳密に説明した．現象学はモーリス・メルロ=ポンティによってさらに発展し，第二次世界大戦後，この主観的な哲学の手法は，ジャン・ポール・サルトルとアルベール・カミュの文学的な哲学において，実存主義として世に広められた．

エドヴァルド・ムンク
「叫び」（1893 年）

145 実存的不安

ほぼ間違いなく最初の「実存主義」（この用語は 20 世紀まで採用されなかったが）哲学者であるセーレン・キェルケゴールは，ヘーゲルの，人間は単に歴史的過程の一部であるという考えに反感をいだいた．その代わりに彼は，社会や宗教によって我々に伝えられてきた価値体系を受け入れるのではなく，我々の生を形作る倫理的な選択の自由が我々にはあると信じていた．彼のより主観的な哲学の探究法によって，キェルケゴールは，人間であることはどのようなことなのか，そしてとりわけ，決断を下す自由が我々の生に及ぼす効果を考察した．人生に意味を与え，それを最大限に生きることは，彼の考えでは，各個人の責任であった．しかし，我々の選択に絶対的な自由があるという実感は，気が遠くなるような経験である．それは我々が現在「実存的不安」と呼ぶような不安感を生み出す．キェルケゴールは，この「自由のめまい」を，崖の縁に立っている時に感じるめまいのような感覚に似ていると描写した．我々は落ちることを恐れるが，同時に，突然の衝動に負けて身投げしてしまうかもしれないということも恐れている．我々のその選択を抑止するものは何もないのだから．

146 フッサールの現象学

　キェルケゴールとニーチェは，それぞれ異なる仕方で，人生に意味を与えるために道徳的な決定を下す自由の観点から，主観的な経験を探索した．フッサールは，カントの思想を出発点として，より体系的な研究方法を取った．カントは，我々がもの自体（128頁参照）を知覚することができないことを示したが，フッサールは，哲学が知的対象（ヌーメノン）の世界についての答えられない質問に気を取られてしまっていると感じた．彼は，我々が経験する「現象の」世界に集中するために，これらの疑問を一旦横に置いておくべきだという考えを示した．現象学として知られるこのアプローチは，我々の意識の対象が独立に存在しているかという問題を「カッコに入れ」，その代わりに，我々が知っていると確信できる唯一のものを調べる．フッサールはこれを「生活世界」と呼んだ．我々の経験の対象をすべて現象として扱い，それらが実際に存在するかどうかを無視することで，我々は一人称の経験そのものに，すなわち，その経験を持つことが何を意味しているのかに，そして我々の意識の本性に，注意を向けることができるのである．

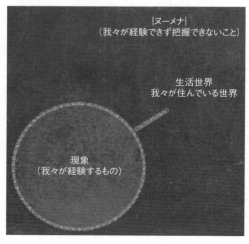

146

147 ハイデガー:『存在と時間』

　マルティン・ハイデガーは，フッサールの作品を読んで哲学に惹かれ，存在の本質に関する彼自身の考察の中で現象学の方法を採用した．彼はフッサールのように，人間の経験の対象に焦点を当てるために，知的対象の世界に関する議論を除外した．しかし，ハイデガーはさらに踏み込んで，彼の著書『存在と時間』(1927 年) の中で，我々は自分自身の存在を意識しているので，それを現象世界の一部として考察できると指摘した．我々の存在は，我々の経験の対象であるため，たまたま宇宙のどこかになければならない．それは時間のうちにあって，時間と切り離すことができない．彼は，私たちの存在が過去，現在，未来を持つという経験から，存在こそが時間「である」と結論づけた．我々の人生は，誕生から死まで，時間の枠をはめられている．我々は存在するようになり，自分の存在に気づき，その存在には終わりがあることにも気づく．我々の生は，客観的な確実性がないため，無意味に過ぎないものになる可能性がある．したがって，我々の課題は，それに意味を見つけることである．ハイデガーが「我々の存在の最も遠い地平」と表現する死を認識することは，我々の存在を理解し，「本来的な仕方で」生きることに役に立つ．

実存主義

148 自己意識

ハイデガーは，1930年代のナチスとの関わりによって信用を落とすまで，非常に影響力のある講師であり続けた．それでもなお，『存在と時間』での彼の現象学解釈は，その多くを「実存主義」という言葉を採用したフランス人が占める哲学者の一世代に影響を与えた．最も有名なのは，サルトルとカミュ（151頁・152頁参照）であり，彼らほど知られていない人にモーリス・メルロ=ポンティがいた．彼は，人間の主観的な経験を調べるために，フッサールとハイデガーの現象学の体系的な方法を適用し続けた．さらに彼ら以上に，メルロ=ポンティは個人の経験に，つまり各人が時空のうちに自分自身の居場所を持っているということに焦点を当てた．我々はそれぞれ独自の存在を持っているので，現実はこの独自の個人の視点からしか把握することができない．それだけではなく，我々は，我々が生きている世界のうちの対象だけでなく，我々自身の存在も経験すると彼は論じた．我々は自己意識を持っているのである．これこそが人間の経験を際立たせている．他の物質的なものとは異なり，我々は意識の主体でもあり客体でもあるのだ．

自己意識は我々に現実についてのユニークな視点を与えてくれるが，それは完全に個人的で主観的であることを認識しなければならない

149 哲学と文学

　フランス独特の哲学的手法は，19世紀後半フランスの豊かな文学的文化から発展した．それはある程度ショーペンハウアーやニーチェなどの哲学者の文学的表現方法から，また，新興の実存主義の主観的立ち位置からも影響を受けた．アンリ・ベルクソンの著作では，哲学と文学の境界はいつでも明確というわけではなかった．実際に，彼は哲学的な著書で1927年のノーベル文学賞を受賞した．彼以外にも，ジャン・ポール・サルトルやアルベール・カミュといった人たちは，文学作品で哲学的思想を表現し，第二次世界大戦後に実存主義を普及させた．文学批評も，言語学や記号論といった成長しつつある分野（154頁・155頁参照）と同様に，20世紀フランス哲学の形成に一役買った．ルイ・アルチュセール，ジャック・ラカン，ミシェル・フーコー，ジャック・デリダなどの構造主義者は，哲学的な談論を言語の構造に過ぎないと見なした．実存主義と構造主義のどちらも世界各地で非常に人気を博したが，他国での主流の哲学とは明確に対照的だった．

実存主義

150 絶え間ない流れとしての現実

　アンリ・ベルクソンはダーウィンの進化論に深く影響を受け，人間と，人間が住む世界は，進化過程の一部として理解できると信じた．ヘラクレイトス（16頁参照）のように，彼は現実を持続的な流れと見なした．あらゆるものは常に変化，進化しており，時間の流れは現実全体の根本にある．この連続体の一部として，我々は感覚や観念を通じてではなく，直接それを経験するのであり，時間の流れと，我々の内面におけるそれの経験は，同じものである．ベルクソンは，これを彼が進化の過程を駆動したと信じていた「エラン・ヴィタール（生命の力）」と同一視した．対照的に，我々の知覚は進化によって決定され，我々の感覚は我々に世界についての観念を提供するためではなく，我々の生存を助けるためにある．そのようなものだから，感覚は我々が生き残るために知る必要があることを教えてくれるだけで，世界の客観的な像を与えてはくれない．我々はそれゆえ，取り巻く世界について不完全な知識を持っている．現実の連続体を直接に直観することによる絶対的な知識に比べて，それは，我々の固有の視点からの，相対的な知識である．

151 『存在と無』

　ジャン・ポール・サルトルは，哲学教師から彼の経歴を始めたが，すぐに小説家や劇作家としてのほうが有名になった．しかし，彼は文学と哲学両方の作品で，価値体系を選択する自由と，人生の意味を見つけることに関する，キェルケゴールとニーチェの思想を探求した．彼の最も重要な哲学書『存在と無』(1943年)は，フッサールとハイデガーの現象学からも影響を受けていた．その中で彼は，我々は何らかの目的のために神に創造されたわけではないので，我々は生の中で我々自身の目的を創造しなければならないのだと説明した．我々独自の規則と価値体系を作ることで，我々がどのような生活を送るかを決定し，実質的に自分自身を作り出すことができる．存在（実存）は本質に先立つと彼は言う．我々はまず存在し，次に自分自身に出会い，「実存的不安」を経験し，そのあとで，我々自身の本質を作り出すことができる．これを行なって最大限に生きるか，それとも単に既存の価値を受け入れるかは，我々の選択である．サルトルはのちに共産主義政治に関与して，彼の実存主義的見解を修正し，我々は社会の価値観から完全に解放されることはけっしてできないと言った．

実存主義

152 「意味を求める不条理な要求」

　サルトルの小説と演劇を通じて，実存主義は1950年代の「ビート世代」の若い知識人の間で人気を博した．ほとんど同じくらい影響力があったのが，サルトルの友人アルベール・カミュの小説で，彼は実存主義が内包する選択の自由ではなく，存在の無意味さに焦点を当てた．宇宙は神も意味も持っていないが，それ以上に，個々の人間の存在に無関心である．我々は，我々の人生に意味があるはずだと感じ，我々の存在のうちに意味を探しているが，それは実りのない探求である．カミュにとって意味を求める要求は不条理である．我々は人生に意味がないということを受け入れることを学ばなければならないが，これは人生がそもそも生きる価値があるかどうかという問題を提起する．彼はそれを哲学の根本的な問題とみなした．しかし，自殺は何の答えにもならず，ただの降伏にすぎない．存在の不条理さを受け入れ，その不正に反抗する方が良いと彼は信じていた．カミュの思想は，サミュエル・ベケット，ウジェーヌ・イヨネスコ，エドワード・オルビー，トム・ストッパードなどの，20世紀後半の「不条理演劇」の劇作家に影響を与えた．

サミュエル・ベケット

153 『第二の性』

　20世紀末期まで哲学はほとんど専ら男性の領分だった．数少ない女性哲学者は男性哲学者の影になって目立たず，注目を浴びるのは，主流の哲学者というよりは，政治活動家に傾いていた．しかし，シモーヌ・ド・ボーヴォワールは，実存主義を彼女の政略の枠組みにした．著書の『第二の性』で彼女は，男性支配の社会が女性であることとは何であるかを規定していることを示した．男性は人間として定義されるが，女性はメスとして定義される．彼女は，身体的に女性であることと，社会が構築した女性らしさの間には差異があると考えていた．すなわち，「人は女に生まれるのではない，女になるのだ」．恋人のサルトルと同様に，実存主義者として彼女は，我々が我々を規定する価値を選択して，既存の規範を受け入れる代わりに，自分自身を創造する自由をもっていると信じていた．それゆえ，女性は因習に従った受動的な女性らしさから，また，男性を真似るべきだという考えからも解放されるべきであり，女性として本来的な存在を自分のために選ぶべきである．1949年に書かれた『第二の性』は，1960年代の女性解放運動と，「第二波」フェミニズムの両方を後押しした．

1970年，ワシントンの街頭で女性解放のデモ行進を行う人たち

実存主義　　153

154 言語学と記号論

　以前は哲学の分野と考えられていたいくつかの題材が，19世紀に科学の分野として現れた．心理学，経済学，社会学と同様に，思想家たちは言語の研究に科学的な方法を適用し始めた．この「言語学」分野の先駆者の一人はフェルディナン・ド・ソシュールで，彼は言語の構造を研究し，概念を示す「言語記号」から作られた理論を開発した．この考えは，記号論の，つまり記号や，指示するもの（記号自体）と，指示されるもの（概念）の関係の研究の，基礎になった．言語と記号の使用の分析には，記号理論を文学批評と文化全般に適用したロラン・バルトによって，政治的な側面が与えられた．マルクス主義者として，彼は記号が有産階級の文化的価値を押し付けるために，いかに使用されうるかを説明した．文学と言語の分析に対する彼の科学的な取り扱い方は，とくにその左翼傾向によって，サルトルとカミュに続くフランスの哲学者の世代，つまり構造主義者たちに大きな影響を与えた．

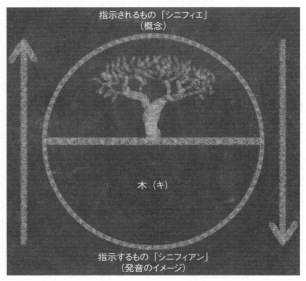

155 構造主義

　実存主義は，第二次世界大戦後，フランスやヨーロッパの大部分で支配的な哲学となった．しかしながら，1960年代までに，それに対抗する運動がフランスの知識人の間で始まった．サルトルは自分のマルクス主義のせいで，人間の自由と選択の考えを修正してしまったし，次の世代は現象学と実存主義を完全に拒否した．代わりに，ルイ・アルチュセールのようなマルクス主義の哲学者は，人間の行動は構造によって決定され，言説としての哲学は言語構造によって支配されていると見なした．構造主義と呼ばれたこの研究方法は，バルトの記号学理論の影響を受け，フランスの文学批評の伝統と密接に結びついている．それはまた，ジャック・ラカンの精神分析理論と，クロード・レヴィ=ストロースの人類学にも活気を与えた．構造主義は，アルチュセールやバルトの作品において発展したことにより，ミシェル・フーコーやジャック・デリダなどの若い左翼哲学者によって採用された．彼らは，言説と人間の行動は言語構造によって決定されるため，それらも言語分析によって説明できると論じた．

文化の要素は，より大きく包括的なシステムまたは構造との関係という観点から理解されなければならないという構造主義の考えは，建築を含む多くの芸術形式に影響を与えた

156 脱構築

　構造主義は，我々がどのように生きるかを選択する自由という実存主義の考えに代わる選択肢を提供した．しかし，我々の生活を形作る構造，とくに言語学をモデルにした構造の概念は，一部の人によって過度に決定論的であると見なされた．バルトとフーコーは二人とも，言語がどのようにして思想を押し付けたり，権力を行使したりするために使われうるか，そして，明快な構造や科学的な「法則」を持たずに，解釈次第であるかを示した．ポスト構造主義運動は，脱構築として知られる，言語・意思疎通・言説を分析する方法を用いて発展した．これは，デリダの『グラマトロジーについて』（1967年）の中で形式化されたが，この著作には「テキストの外には何もない」という彼の有名な宣言が含まれているが，この宣言は，言語がなければ，現実を経験することも哲学もないということを意味している．この言語に対する批判的な考察は，そのより深い意味だけでなく，その曖昧さも明るみに出している．脱構築を通じて，ポスト構造主義は，現実や真実に関するすべての一見妥当な言明の逆説的な性質を明らかにし，それらが自己言及や循環論法に基づいていることを示しているのである．

157 アメリカの哲学

　18世紀末に独立を勝ち取ったにもかかわらず，アメリカは本質的にヨーロッパ文化を保持していた．しかし，19世紀には，とくにニューイングランドの文学界で，アメリカ的な知的伝統が出現した．ラルフ・ワルド・エマーソンの非協調主義的な考えは，彼が超越主義と呼ぶ理想主義哲学の基礎を形成した．これは，ヘンリー・ソローを含む作家や詩人たちによって取り入れられたロマン主義の，明らかにアメリカ的なかたちである．

　19世紀の終わりにかけて，アメリカの哲学は科学的思考の影響をより強く受けるようになった．数学者チャールズ・サンダース・パースと，心理学者ウィリアム・ジェームズはプラグマティズムとして知られる運動の最前線にいた．この運動は，知識と真実の捉え方に対する実践的な態度をとり，我々の生活に目に見えるほどの影響を与えない哲学的な営みは却下した．これは，20世紀のアメリカの支配的な「生え抜きの」哲学となり，ジョン・デューイやリチャード・ローティなどの人物が，それを政治や教育に応用することを模索した．

ラルフ・ワルド・エマーソン（最前列）を含むボストンの知識人のグループ，1875年撮影

158 超越主義

　1836年のエッセイ『自然論』で、ラルフ・ワルド・エマーソンは、人間・自然双方の基本的な善さに基づいた哲学を提唱したが、それはいくつかの観点でヨーロッパのロマン主義に似ていた。その中心には、支配的な政治・社会・宗教の制度から独立し、自然と調和した、単純で無骨な自助自立生活に置き換えるという思想があった。そのようにすれば、個人は潜在能力を最大限に高めて、意識を豊かにすることができる。エマーソンは、個人主義をきわめて重視し、我々がそれぞれ、真実や善といった諸価値の意味を自分で発見して、自分自身の世界を築くことができる可能性を大いに重んじたが、当時の非協調主義キリスト教徒によって実践されたような、単純な篤い信仰も擁護した。彼の追随者の一人にはヘンリー・デイヴィッド・ソロー（193頁参照）がいて、この人は個人主義と非協調主義の考えをアナーキズムに近似した反体制哲学に発展させた。ソローもまた単純な生活を心に留め、著書『ウォールデン 森の生活』（1854年）のなかで、自然と調和した共同体の像を提示して、のちの環境主義を先取りした。

159 プラグマティズム

　科学者の視点から見ると,知識・現実・真実に関する哲学の議論は,我々が住んでいる世界ではなく,単に言葉をめぐる論争のように思えるかもしれない.数学者・論理学者としてパースは,哲学的な探求はしばしばこの罠にはまり,その結果,実用上役に立たない概念を生むと感じていた.彼は,彼がのちにプラグマティズムの格率と呼ぶものを用いて,別の探究法を提案した.その格率とは,「あなたが考える対象の実用的な効果を考えよ.そうすれば,それらの効果の概念が,あなたのもつその対象の概念の全体となる」である.何かあるものの意味を理解するには,それが状況や問題に何らかの違いを生み出すかどうかを調べる必要がある.我々が感覚で実際的に識別できる効果を全然もたないものは,プラグマティストにとってはまったく意味がない.プラグマティズムは,命題の真実性というよりは,その命題を真として受け入れることの実際的な応用のほうに関心を持っている.知識はその場合,真実や確実性からなるものではなく,有効な説明で構成されるのであり,それらの説明は,もはや有効でも有用でもなくなったときには置き換えたり改良されたりすることが可能なのである.

> Consider the practical effects of the objects of your conception. Then, your conception of those effects is the whole of your conception of the object.
>
> (Peirce)

あなたの観念の対象がもたらす実際的な効果を考えよ.そうすれば,それらの効果についてのあなたの観念が,その対象についてのあなたの観念のすべてとなる(パース)

アメリカの哲学

160 真実と有用性

　パースのプラグマティズムは，彼の友人でハーバード大学の同僚ウィリアム・ジェームズによって熱心に取り上げられた．ジェームズは非常に読みやすい文体の持ち主で（弟は小説家のヘンリー・ジェームズ），パースの思想を詳しく説明する助けになっただけでなく，それを普及させることにも力を貸した．パースは主に言明や用語の意味に関わっていたのに対して，ジェームズは真実の概念を考察した．彼にとって，ある言明が有効な説明を与えたり，予測を可能にしたり，洞察を与えたりすれば，真とみなされうる．つまり，それが有用であり，それが我々の要求することを行なう場合である．彼は森の中で迷った人が道を見つけた例を挙げる．その人は，その道が自分を救う方に通じていると思って，それをたどって森から出るか，あるいは，通じていないと判断して，彼がいる場所に何もせずに留まって飢え死にするかを，選ぶことができる．いずれの場合でも，彼の行動が彼の信念を真にする．ジェームズは，真の信念，つまり信じる者にとって役に立つ信念と，事実とを区別する．「真実は事実から現れる．……事実自体は『真』ではない．それらはただ『ある』だけである．真実は，それらの事実の間に出発点と終着点を持つ信念のはたらきである」．

161 哲学 対 心理学

　ウィリアム・ジェームズは哲学者になる前に医学を学んだ．これは彼を心理学という新しい科学の第一人者になるように導いた科目の組み合わせである．プラグマティズムは，抽象的で思索的なものよりも，違いを生み出すものに重点を置いているので，人間の行動や精神的プロセスの客観的研究を補完することが明らかになった．ジェームズは，観察や実験と，事実情報の分析を通じて，純粋な思考や哲学の理論化とは区別される，科学的な分野としての心理学の確立に貢献した最初の心理学者の一人である．彼はまた，アメリカで最初の実験心理学の課程を設立した．とりわけ，彼は意識の心理学的説明に取り組んだ．意識は，長い間哲学者にとって関心の対象だったが，厳格な科学的精査にかけられることはなかった．ジェームズはそうする代わりに，意識とは精神的なプロセスであって，我々が，さまざまな考えを結びつけ，整理する仕方であることを示した．意識を連続的なプロセスとして説明する際に，ジェームズは，「意識の流れ」という，影響力のある概念を導入した．

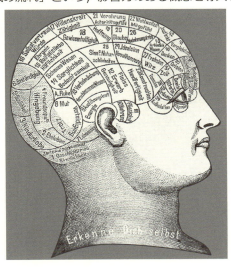

アメリカの哲学　　161

162 心の科学

　心理学は, 哲学的な起源から進展したが, 人間の心や行動に対する我々の理解に, 科学的な基礎を提供する仕事に乗り出した. 以前は形而上学の領域にあった質問に物理科学が答え始めたのと同じように, 実験心理学は認識論と意識の問題に対する科学的な説明を提供し始めた. 哲学者が, 主観的でしばしば内省的な視点から思索していたところを, 心理学は観察の証拠だけでなく実証の証拠も用いてその説明を行なった. 行動心理学者は, 我々がいかにして知識を獲得し学ぶかを探るためのテストを考案し, 人間だけでなく他の動物も観察した. のちに, 認知心理学は我々の脳が情報を処理する仕方を精査し, 「心」から「脳」へと焦点が移るにつれて, 心理学はさらに哲学的な思索から離れ, 神経科学のほうと, より密接に結びつくようになった. コンピュータ技術の到来により, 電子データ処理との類比関係もまた, 人間の脳に対する心理学的解釈に影響を与えた.

動物の行動の研究は, 我々の脳が迷路などの問題を解くやり方についての初期の手がかりを与えた

163 行動学習

　パースが提案したプラグマティズムの中心的な概念の一つは，知識は事実に関わっているのではなく，有効な説明に関わっているということである．科学が十分な説明を与えながら，それを新しい説明やより良い説明に置き換えることができるのと同じ仕方で，我々は行為に必要な情報を与えてくれる知識を獲得する．思考と学習の目的は，我々が物事を行なう助けとするため，とりわけ，この世界で生き残るためであり，必ずしも正確な世界像を与えてもらうためではない．次世代のアメリカのプラグマティストの一人であるジョン・デューイは，我々が生き残るために学び，我々の知識は，我々が理解しようとしている世界を観察することからではなく，それに参加することからくるという点で，パースに同意した．この手続きは，科学的な方法に似ている．我々は問題に出会い，それを分析し，可能な解決策を考え，実験を通じてそれを検証する．それが効果をあげて，問題が解決されるか，それとも別の解決策を考えなければならないかのどちらかである．実際には，我々は問題に直面したときだけ考えるので，知識を得る最善のやり方は，理論化や丸暗記学習ではなく，課題に能動的に関与することである．

アメリカの哲学　　163

164 ネオプラグマティズム

プラグマティストの立場では，知識は世界の正確な描像を扱うのではなく，十分な説明を提供することに関わっている．1960年代後半から，リチャード・ローティは，プラグマティズムの伝統の中で活動しながらも，ヨーロッパの構造主義とポスト構造主義の影響も受け，「ネオプラグマティズム」という考えを展開した．これは，この概念がいかに社会的・歴史的文脈によっても影響を受け，言語と密接に関連しているかを示した．彼のプラグマティズム的な出発点は，知識が「自然の鏡」だという考えを，すなわち，理性を通じて媒介された我々の経験は，世界を真に反映しているという考えを却下することだった．我々は感覚からの情報を「概念化」することによって，やっと物事に気づき，言語の形で組み立てられた概念を生み出すと，彼は論じた．したがって，我々は言語を通して学ぶが，我々が知識と考えるものは，ある声明が現実をどれだけ正確に反映しているかにではなく，我々が生きている社会が我々に何を言うように仕向けるかにかかっている．言明や用語の意味というのは，世界の何かの描像ではなく，それに対する馴染みと使用の産物だということである．

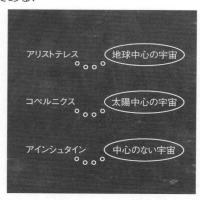

アリストテレス，コペルニクス，アインシュタインは宇宙の異なる捉え方を提示したが，それらはそれぞれ，当時としては適切な表現だった

現代論理学

　論理学は，ギリシアの哲学者によって哲学の一分野として確立され，アリストテレスによって体系的に記述された（39頁参照）．それは三段論法の形で，19世紀まで実質的に改変されることなく存続していた．それがついに変化したのは，数学者たち，とりわけゴットロープ・フレーゲが，論理学と数学は不可分であり，数学は論理学に基づく議論と論証から構成されていると認識した時である．これは，ほかならぬイギリスの思想学派を，すなわち，哲学もまた論理学に由来するという考えに基づく分析哲学を生み出した．その立役者バートランド・ラッセルは，哲学的言明を論理的な命題として，その言語分析を行なった最初の人だった．分析的な哲学のやり方は，ドイツ語圏の哲学者たちに影響を与え，そこで論理実証主義（172頁参照）へと進化したが，ラッセルの影響は，最も重要なものとしてはルートヴィヒ・ウィトゲンシュタインの言語哲学に見られた．しかし，言語の哲学的な分析と並行して，科学としての言語学への関心も高まり，これはこれで独自の哲学的意味合いを持っていた．

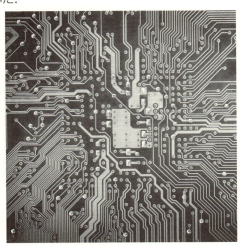

166 数学と論理学

　ドイツの数学者ゴットロープ・フレーゲは，彼の著書『概念記法』（1879年）で，2000年以上にわたって守り抜かれてきた論理学観を覆した．当時，論理学は我々の考え方から派生した「規則」の集合と見なされていた．しかし，フレーゲは初めて，論理学は客観的なものであり，それを使用する仕方とは何の関係もないという考えを提示した．論理的な命題は客観的な真実であり，人間の心理学に左右されることなく，一方が他方から帰結するかしないかのいずれかである．フレーゲはまた，数学も，あることが別のことからどのように帰結するかを示す一連の議論と論証で構成されるため，論理学と同じ原理を持っていると指摘した．この時点まで，数学もまた言語のように人間の創造物であるというのが支配的な意見だったが，フレーゲの議論は，数学が客観的で普遍的であることを示した．我々はそれを創造するのではなく，物理法則を発見するのと同様の仕方で，それらを発見するのである．フレーゲの数学と論理学の結びつけはまた，論理学には三段論法よりもはるかに多くのものがあることを示し，論理学を，哲学にとってより強力な道具にした．

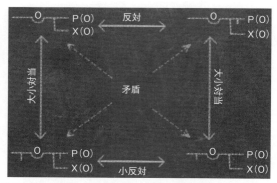

彼の著書『概念記法』でフレーゲは哲学的問題を分析するための概念表記の複雑なシステムを開発した．ここでは，彼の表記法は三段論法の標準的な議論（39頁参照）に適用されている

167 論理学 対 認識論

　論理学は人間の心の創造物ではなく，普遍的で客観的な真理から構成されているというフレーゲの洞察は，哲学にとって深い意味を持っていた．彼は，数学は論理学と同じ原理に従っており，したがって，等しく客観的であると言った．しかし，哲学の根底にある推論の手続きは，論理的な原理に支配された一連の議論と論証でもあり，同様に人間の創造物ではない．哲学的真実はそれゆえ客観的で，我々の心の働き方とは独立に，我々が数学の真理を発見できるのと同じ仕方で発見可能であるはずである．

　しかし，近代哲学の多くは，認識論に，すなわち，我々が知っていることをいかにして知るか，そして我々は何を知ることができるかの研究に，基づいている．これらはすべて，我々の心の中で起こっていることに関わっており，哲学的真実とは事実上無関係である．哲学が我々の知識に関する客観的な真実を発見するためには，哲学は，認識論にではなく，論理学に基礎を持たなければならないことが，今や明らかになった．

現代論理学

168 『数学原理』

　フレーゲの業績は，少数の数学者集団の外では事実上気づかれないままで，バートランド・ラッセルによって発見されるまでは，哲学者によって無視されていた．ラッセルはケンブリッジ大学で哲学と数学の両方を学び，算術が，そしておそらく数学全体が論理学から導き出されると，独力で結論づけ，その事情を『数学の原理』（1903 年）で述べている．そのあと彼と同僚のアルフレッド・ノース・ホワイトヘッドは，10 年後に完成した大部の『プリンキピア・マテマティカ（数学原理）』全三巻でこれを証明しようとした．この後，彼は完全に哲学に注意を向け，当然のことながら論理に集中した（そしてこの選択はおそらく，このテーマについて 19 世紀の古典的な本を書いた，彼の名づけ親であるジョン・スチュアート・ミルの影響だった）．フレーゲのように，ラッセルは論理学と数学の難関突破が哲学にとって持つ意義を認識した．彼らは論理学が普遍的な真実の客観的な集合であることを示していたし，ラッセルは科学と哲学の両方ともが論理に基づいていれば，世界についての客観的な知を発見できるはずだと信じていた．

169 分析哲学

　ラッセルは，経験論の伝統からの出身で，彼の同僚 G・E・ムーアとともに，19 世紀を支配していた観念論から離れて，イギリスの哲学運動を先導した．ラッセルは，数学と論理学が不可分に結びついていることを『プリンキピア・マテマティカ』（168 頁参照）で論証したのち，論理学が哲学的探求の基礎となるべきであることを示すことに乗り出した．論理学は客観的で普遍的な真実で構成されているため，認識論によって提供された推測よりも，我々の世界を知るための，より強固な基盤である．我々の知識に関する言明に，論理分析の技法を適用することで，それらの客観的な評価が可能になる．すなわち，分析哲学として知られるようになった哲学的探求への接近である．哲学的な言明を論理的に分析するためには，まず形式論理の文法と，論理学の符号や記号を使用して，数学の命題と同じように論理的な形式で提示する必要がある．哲学的な議論は，数学的な証明とほぼ同じ仕方で，論理学の規則を用いて妥当あるいは非妥当と示すことができる．

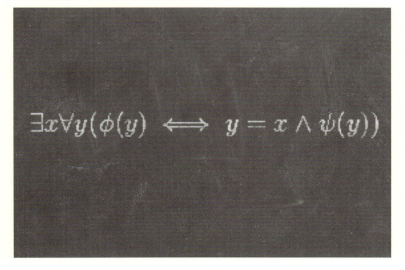

現代論理学

170 真偽と論理

　分析哲学は，哲学的議論を検討するための，より科学的な方法の見通しを提供した．しかし，それらを一連の論理的な命題に変換することは問題の種となりうる．それらの議論の妥当性が検証される前に，時には哲学者たちの，飾り立てられて入り組んだ言葉を，できるだけ簡単に表わす必要があるが，哲学の概念は数学や論理学の命題の概念ほど明確でないことがよくある．また，数字や記号とは異なって，語句には意味の問題が生じるので，ある言明の真偽を確定することは不可能な場合がある．一見類似した命題が，同じ論理的な形式でありながら，非常に異なる論理的な意味を持つ可能性がある．例えば，「スペインの王は禿げている」と言う場合，意味は明確であり，事実を確認してその真偽を経験的に確定することができる．しかし，「フランスの王は禿げている」という命題は，全く同じ論理形式と明らかな意味を持っているが，それは真なのか偽なのか．フランスの王はいないので，どうしたら確認できるのか．有効な論理形式を持っているのに，そのような命題は，全く意味がないのかもしれない．

「大部分のユニコーンは白い」

171 『論理哲学論考』

　ラッセルの学生として，ルートヴィヒ・ウィトゲンシュタインは分析哲学の原則を採用し，以前にカントとショーペンハウアーが認識論を用いたのと同じ仕方で，論理学を用いて知識の限界を確定しようとした．『論理哲学論考』（1921 年）で彼は，世界を理解しようとする際に，我々が世界を記述するために用いるのは，論理的な構造を持つ，命題からできた言語だということを示した．命題の総体は言語である．世界，すなわち「ものの総体ではなく，事実の総体」も構造を持っており，言語は，それが記述する世界が持っているのと同じ論理的な形式で図像または「地図」を作ることによって，世界を描写する．意味を持った仕方で言えることは，すべて「真の命題の総体」であり，経験される現象の世界について経験的に立証できる言明である．言語は，それが有意義に議論できることを事実上自然科学の言明に限定しているので，哲学は，この世界に局限されるべきである．倫理や宗教などのテーマは依然として重要だが，それらは「神秘的」とウィトゲンシュタインは言った．我々はそれらについては意味のある命題を立てることができないというのである．

現代論理学

172 論理実証主義

　ラッセルのおかげで，フレーゲの論理学についての研究はより多くの読者層に届いた．1920年代までに，新しい論理学をその哲学に取り入れたのはイギリスの思想家だけではなかった．ウィーン学団として知られる科学者と数学者の集団は，科学の哲学的基礎を確立することを目的として結成された．彼らは，世界に関する真実を提供することは哲学の仕事ではなく科学の仕事で，哲学の仕事は，科学が機能できる論理的な枠組みを提供することだと考えていた．彼らが展開した見解，論理実証主義は，分析哲学が哲学的言明に対してしたのと同じ仕方で，科学の命題に論理学の技法を適用した．科学的な発想や理論について明確かつ客観的に話すには，まず科学的言明の言語を論理的な命題として分析することによって，その意味を確定し，意味のない言明はすべて排除しなければならない．論理実証主義者にとって，ある言明が真として受け入れられるのは，それが厳密な論理学的基準を満たし，経験的に立証できる場合だけである．他の言明は，どれも証明できないので，事実上意味をもたない．

1922年，哲学者モーリッツ・シュリック（写真）により設立されたウィーン学団には，数学者のハンス・ハーンや，社会学者でもあり経済学者・哲学者のオットー・ノイラートも含まれていた

173 道具としての言語

　20世紀半ばまでに，分析哲学が英語圏の支配的な哲学となった．ウィーン学団の構成員たちがナチス体制からイギリスやアメリカへと逃れる中，論理実証主義もまた影響力が大きく，有意味性という，その厳格な基準が，科学にとどまらず，あらゆる形の言語に適用された．分析哲学は哲学的問題よりはむしろ，大体は言語の分析になった．しかし，すべてのイギリス人哲学者がこの流行を受け入れたわけではなく，ジョージ・エドワード・ムーアなどの幾人かは，言語の論理的分析に「常識」的なやり方を主張した．ウィトゲンシュタインもその議論に復帰して，彼の『論理哲学論考』は自己矛盾していると認識した．その内容は世界を描いていない命題ばかりなので，意味がないとしたのである．その代わりに，彼はまるっきり異なる言語哲学を展開させ，言語が現実を「描く」という比喩をやめて，言語は道具だという比喩に置き替えた．言葉や概念それぞれは，特定のものを意味しているわけではなく，言葉を使う人の意図と，それが使われる文脈とから，意味を引き出しているのである．

現代論理学　　173

174 言語学

　イギリスと大陸の哲学は，20世紀が進むにつれて，どちらも言語への関心を強めていった．分析哲学は，哲学的言明の分析がその言明を論理学的な形式に言い換えることを要求し，言語そのものを対象とする哲学への関心を促した．その間に，フランスでは，文学的な哲学の伝統が，言語構造に基づく哲学である構造主義を生み出した．この傾向は言語学そのものの成長に反映された．この若い学問の目的は，科学的な方法を使用して言語を研究することだったが，いくらか言語哲学との交配も進んだ．とりわけ，言語学は文法，意味論などの観点から言語の構造に関わり，これは構造主義運動に影響を与えた．言語学はまた，さまざまな言語がどのように進化してきたか，それらがお互いにどのように異なっているか，そしてすべての言語に共通して基礎となっている構造があるかどうかも研究する．これもまた，とくに我々が言語を習得し，それを使って考えを表現する仕方の研究において，哲学的な意味を持っている．

jezik limbă הפשה język la langue
dil linguagem kieli език اللغة
язык **language** taal
idioma 言語 tungumál γλώσσα
kalba језика språk bahasa
lingua sprache lugha lingwa 언어

175 普遍文法

　言語学の注意を引きつけた問題の一つは，すべての人間の言語に共通の文法構造があるかどうかだった．似たような文法を共有する類縁言語の系統（語族）があるが，多くの異なる語族同士には共通点はほとんどないか，全然ないように見える．この問題に対する一つの答えが，のちに政治権力の批判的分析（189頁参照）でもっとよく知られるようになるノーム・チョムスキーによって与えられた．彼は，子供たちがどの特定の言語を学習しているかに関係なく，与えられた刺激の量から予想されるよりもはるかに速く母国語に熟達することに気づいた．チョムスキーの結論は，我々は言語の構造について何らかの生来の知識を持っているはずで，この構造はすべての言語に共通に違いないということだった．すなわち，普遍文法もしくは「生成」文法という考えである．言語が普遍的な形式の構造を持つという考えは，論理学と数学の結びつきと類似していたが，それに対する先験的な理解という考えは，デカルトの合理論を回顧させるものであり，経験論的な伝統に含まれる科学的分野であるという言語学の主張と折り合いをつけることは困難であった．

現代論理学

176 人工知能

　科学技術の進歩により，以前は人間の思考でしかできなかった作業を実行できる機械が生み出された．洗練されたコンピュータプログラミングは，その機械に単純計算の範囲を越えて，言語使用の能力を含む「人工知能」を与えた．そのために，機械は人間の行動を模倣できる．しかしそれらは，実際に考えることはできるのか．数学者でコンピュータの先駆者であるアラン・チューリングは，機械が知能を示す能力の簡単なテストを提案した．機械と人間が，どちらも人間の日常言語で質問され，同じ言語でそれに回答する．もし，公平な判定者がどちらの回答がどちらのものか判別できなければ，機械はテストに合格し，知能を示していると認められる．現代のコンピュータはますますこれが上手く出来るようになっている．それはとりわけ，人間の脳と同じように情報を処理するようにそれをプログラムし，「ファジー論理」といった概念までも導入しているためである．しかし，だから機械は「考える」ことが出来ると言えるだろうか．それらは我々が意識と理解するものを，もつことが出来るようになるのか．

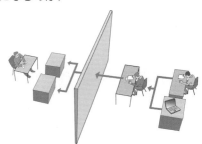

チューリングテストの実験用配置
1．人間の質問者
2．回答を表示する端末
3．壁
4．人間の回答者
5．コンピュータ
6．実験コントローラは，人間かコンピュータ，いずれかの回答を中継する

20世紀の哲学と科学

ほとんどの科学は,哲学のさまざまな分野から進化し,物理世界を記述する科学的理論でそれらの分野を補完する.しかし,啓蒙主義の科学革命とともに前進する歩みが加速するにつれて,自然科学は,大部分,形而上学に取って代わり,19世紀末までに心理学と神経科学は心の哲学に代わる科学的な選択肢を提供し始めた.20世紀,アルバート・アインシュタインの理論は,物理的宇宙の包括的な説明を提供するように見えたが,新しい物理学の多くの側面は,それが答えるのとほとんど同じほど多くの問題を投げかけた.それらは,科学単独では説明できない問題だった.そして,科学が哲学のさまざまな側面に取って代わるように見えたときに,ある哲学者たちは科学そのものに注意を向けた.カール・ポパーが,科学的方法の基礎である帰納の問題(110頁参照)に対する実践的な答えを提案した一方で,ポール・ファイヤアーベントは,科学は滑らかな前進によってではなく,急激な飛躍によって進歩するというトマス・クーンの考えに基づき,一つだけの信頼できる科学的方法という考え方を疑問視した.

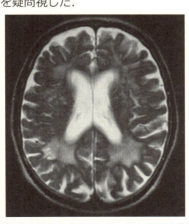

神経科学は,内省的な哲学よりも多くのことを,我々の脳の働き方について教えてくれる

20世紀の哲学と科学　　177

178 形而上学的な問題への科学的な解答

アインシュタインが20世紀初頭に（二つの）相対性理論を定式化したとき，彼は宇宙を理解する全く新しい仕方の案内人となった．これは古いニュートン的な見方を覆して，それを，新しい物理法則に従った物理的宇宙の包括的な記述で置き換えた．時間と空間そのものが初めて科学的に説明され，宇宙の実体はエネルギーという用語で定義された．最も初期の時代から哲学の関心をひいていた形而上学的な質問の多くが，最終的に答えられたように見えた．しかし，アインシュタインも（訊かれたら）喜んで認めたであろうように，新しい物理学は決定的な答えでもなければ，ニュートンの貢献の重要性を否定するものでもなかった．それは「正しい」わけでも「真実」であるわけでもなく，たんにニュートンの，彼の時代としては完全なものだった説明よりも，正確な説明であった．それは，実用主義者なら有効な説明と言うであろうものだった．ニュートンの物理学が科学史の一時代を画したのと同じように，アインシュタインの理論もいつの日か，さらによく事実に当てはまる何かに置き換えられるかもしれない．

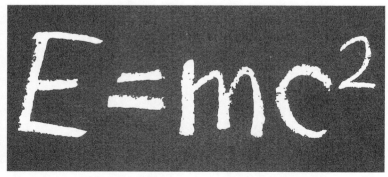

アインシュタインの有名な方程式は，エネルギー（E）が質量（m）と光速（c）の二乗の積に等しいことを示している

179 新たな哲学的問題

　アインシュタインの理論は，多くの形而上学的思索に終止符を打つように見えたが，その一方で，彼が開拓した物理学も新たな問題を提起した．そして，古い哲学理論を反証するというよりはむしろ，その多くを確証するか，少なくとも補完するように見えた．例えば，物質をエネルギーとする定義は，ショーペンハウアーの観念論や，ヒンズー教や仏教の哲学にさえ，表面的な類似以上のものをもっている．その一方で，量子力学の概念の多くは，物理学者にとっても理解するのが難しく，ほとんど神秘的に見えるが，例えば，ハイゼンベルクの不確定性原理や，「観察者効果」（微視的な量子体系の属性が観察によって「確定」されることの不可避性）などがそうであるが，バークリーの哲学とは不気味な類似点がある．そして他方，宇宙の起源のビッグバン理論は，現実世界と因果関係の本質についての哲学的論議を再開させることにもなった．そして複数の宇宙がある可能性は，さらに多くの，哲学的思考の糧を与えている．

有名な「シュレーディンガーの猫」の思考実験の科学的な意味からまったく離れて，猫が生きていると同時に死んでいることの哲学的な意味は何か

20 世紀の哲学と科学

180 反証可能性

　科学が理論を確立するために用いる方法は，個々の例から一般的な法則を推測する帰納法に基づいている．ヒュームが帰納法は何かを確実に示すための論理的な手段ではないことを指摘した（110 頁参照）あとも，科学者たちは観察と実験という方法を使い続け，目ざましい成功を収めた．しかし，帰納の問題は依然として哲学者を悩ませ，それは 1930 年代にようやくカール・ポパーが科学的方法論の別の見方を提案するまで続いた．彼は，ある事象の肯定的な例が膨大な数だけあっても，科学理論を決定的に証明することはできないが，否定的な例は一つだけでも，その理論が間違いであることを決定的に示すことが出来ると論じた．例として，彼は「すべての白鳥は白い」という仮説をあげた．これは，どれだけ沢山の白い白鳥の観察を引き合いに出しても，真であると証明することはできないが，黒い白鳥が一羽現れただけで，偽と証明できる，すなわち「反証され」うる．科学理論で，あるか否かの真の基準は，それが帰納によって推理されるということではなく，それが反証可能で，観察や実験によって偽であると示される可能性をもつべきだということである．

181 パラダイム・シフト

　科学の哲学は，20世紀に，とりわけカール・ポパーの画期的な業績のあとで，それ自体が重要な分野として発展した．哲学者たちは，科学的方法論の哲学的・論理学的な基礎について検証するだけでなく，科学的進歩の本質に注意を向けた．1962年にトーマス・クーンがパラダイム・シフトの概念を導入するまで，科学の進歩は連続的な進化の過程であると考えられていた．彼は科学史の分析の中で，「常態の」科学の期間が，「危機」の期間によって中断されるという考えを示した．常態の時期には，科学者は合意の成立した枠組またはパラダイムの内で作業し，彼らの作業の中では，いかなる変則性も見過ごされたり否定されたりする．しかし，変則性が目立ってくると，このことは危機を招き，その場合には，変則性は新たな理論によって，また新たなパラダイムへの移行によって，説明されなければならない．そうなると，常態の科学が新たな枠組の下で再開し，次の危機まで続く．このようなパラダイム・シフトの歴史的な例には，コペルニクス，ニュートン，アインシュタインの革命的な理論が含まれる．

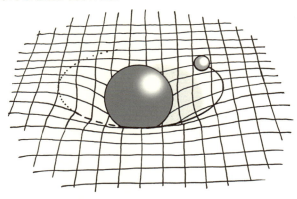

ニュートンの引力の考えは，200年以上にわたって枠組みとして機能していたが，現代科学でほぼ普遍的に受け入れられているアインシュタインの一般相対性理論によって覆された

20世紀の哲学と科学

182 『方法への挑戦』

　科学の進歩の歴史を，一連の周期的な革命とするクーンの描写は，彼の友人ポール・ファイヤアーベントによってアナーキズム寄りの解釈を与えられた．パラダイム・シフトが起こると，受け入れられていたすべての概念が影響を受けるため，科学的真実を確立するための，ただ一つの永続的な枠組はないと，1975年にファイヤアーベントは論じた．新たな取り組みと方法が採用され，科学者のコンセンサスになるが，それは以前なら有効とはみなされないものだった．それゆえ，科学の進歩は厳格な規則に従うことによって達成されるのではない．全く逆に，進歩が起こるのは，厳格な規則が破られたときである．ファイヤアーベントは，ポパーが行なったような，科学的方法を正当化する試みを拒否して，普遍的な方法論の規則はなく，そのような規則を見つけようとする試みは科学の進歩を妨げると主張した．とくに，彼は既知の事実との整合性という基準を攻撃し，どの主要な理論も，同じ範囲を領域とする古い理論と整合的ではないと指摘した．科学が進歩し続けるためには，方法論のどんな規範的な理論も無視したほうが，うまくいくと彼は論じた．

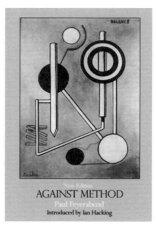

20世紀の政治哲学

20世紀には，世界の政治的な構造に前例のない変化が見られた．世界の約3分の1が何らかの形でマルクス主義に動機づけられた体制を採用し，他方で，古いヨーロッパの植民地帝国は縮小した．世紀半ば，専制的なファシズムとナチズムの台頭は，第二次世界大戦を引き起こし，それに続いて，東側の共産主義と西側の資本主義の間の冷戦があった．政治哲学は，これらの変化に多様な仕方で反応し，衰退する制度に置き換えるための新しいモデルを提示した．共産主義体制の過酷な現実は，1930年代に，そしてソビエト連邦が崩壊した1990年代にも，マルクス理論の再検討を促した．アメリカでは，哲学者たちは，民主主義，正義，政府の役割といった観念に集中しており，これらは，植民地支配からの独立を求め，獲得する多くの国家にとっても重要な観念だった．1945年以降の比較的平和な時期には，人種やジェンダーを含む公民権の問題，および差し迫った環境問題も，現代の政治哲学の形成に重要な役割を果たした．

20世紀の政治哲学の多くを形作った冷戦の初め，戦後のベルリンでアメリカとソ連の戦車が対峙している

184 フランクフルト学派

『共産主義宣言』からほぼ70年後，マルクスの社会主義国の思想はソビエト連邦の形成によって現実のものとなった．マルクス主義の政治哲学は世界的に支持者を獲得し，他の国々もすぐに追随しようとしていた．しかし，とくにヨーロッパの，一部のマルクス主義哲学者たちは，共産主義がマルクス主義の中核的価値を見失い始めていると感じ，資本主義に対してと同程度に，スターリン政権下のソビエト体制の擁護者に対しても批判的だった．

ある思想家集団が，当初はフランクフルト大学の社会研究所を拠点としていたが，社会学，心理学，実存主義哲学からの考えを導入する，新しいかたちのマルクス主義を確立するために出現した．いわゆるフランクフルト学派（ゆるくつながっているだけのグループに便宜的に使われた用語）の主要人物には，マックス・ホルクハイマー，ヴァルター・ベンヤミン，ヘルベルト・マルクーゼ，テオドール・アドルノなどがいた．これらの思想をさらに発展させた，次の世代には，ユルゲン・ハーバーマス，ジェルジュ・ルカーチがいた．

ホルクハイマーとアドルノ（前列左と右）を含むフランクフルト学派の主要メンバー

185 批判理論

　フランクフルト学派から生まれた新マルクス主義哲学は，当時としてはかなり急進的に見えたかもしれないが，そのルーツは，19世紀ドイツの哲学思想にあった．その核心には，「批判理論」（同じ名前の文学批評の理論と混同されてはならない）の思想があった．これは，つきつめれば，既存観念の批判を提供するというカントの考えに由来している．しかし，さらに重要なことに，批判理論はヘーゲルの弁証法（135頁参照）に跡づけられ，世界を記述したり説明したりせずに，世界を変えるようにとマルクスが哲学者に勧めたことにも元をたどられる．フランクフルト学派の哲学者は，さまざまなイデオロギーに挑戦しようとしたが，それはとくに資本主義や，20世紀に進化した共産主義の形態など，現状を永続させようと企画された世界観を押し付けるイデオロギーに向けられた．既存の体制に対する，哲学だけでなく社会学や心理学の理論を用いた厳格な批判は，社会をよりよい方向に変革できる総合を生み出すために，政治的・社会的構造を分析することに利用できるものであった．

20世紀の政治哲学

186 プラグマティズムと民主主義

　ジョン・デューイにとって，哲学と政治は切っても切れない関係にあった．彼は，彼自身のプラグマティズム（159頁参照）を民主主義の哲学的基礎と見なした．彼の考えでは，思想家たちの注意は「人間の問題」に向けられるべきなのに，彼らはあまりにも長い間，「哲学者の問題」という，形而上学と認識論の抽象概念に取り組んでいた．政治哲学が経験と絶縁したままでいる限り，人々は自分たちの生活を左右する国家体制に何の影響も与えることはない．プラグマティズムは，知識の有用性に焦点を当てることでこれを乗り越えた考えであるだけでなく，デューイの積極的な知識獲得の重要視は，政治システムとしての民主主義を不可欠のものとした．民主社会は，彼が論じるところでは，社会契約の押し付けによって形成されるものではなく，個々の市民の有機的な集合体であり，個々人が自由に成長して進化できる場合にのみ，成長して進化することができる．それゆえ，民主主義の目的はこのための条件を提供することであり，彼の哲学の役割は，個人がこの自己実現を達成できるような「道徳的共同体」を，主に教育を通じて確立することである．

ホワイトハウス

187 公正さとしての正義

　古代ギリシアの哲学者たちの時代に，ソクラテスの議論の中心的な関心事の一つは正義の定義であったが，1970 年代には，哲学者はこの観念をアメリカの資本主義的民主主義の光の下で再検討した．その中にジョン・ロールズがいて，彼は「正義は公正さである」と定義し，自由主義の擁護につなげた．説明の中でロールズは，「無知のヴェール」として知られる思考実験について記述した．この思考実験では，参加者が社会を想像の上で一から（「原初状態」から）作り，彼らが想像上生きる社会における権利・資源・地位をどう配分するかを決める．しかし，「無知のヴェール」によって，彼ら自身の能力・知性・社会的地位・富について何も知ることはできないので，新しい社会における自分自身の立場への個人的な考慮が自分の判断に影響を与えることはない．彼らは，社会の「すべての」構成員にとっての利益という観点から，自分の立場を考慮することなく，新しい社会について考えざるをえなくなり，公正な配分によって正義が達成される．

【訳注】ソクラテスや，ギリシアの徳倫理学を理解するには，徳としての正義を理解しなければならない．正しいことをする人は正しい人であると考える人には，偽善者の場合を反例としてあげることができる．逆に，正義の徳を持っているという意味で正しい人は，状況の判断を間違えない限り，正しいことをする．古代ギリシアでも，他者より多くとろうとすることは不正の典型と認められていた．正義の徳にはそのような知と，不正を避ける意志の両方が含まれている

20 世紀の政治哲学

188 権原としての正義

ロールズの，正義を公正さとする自由主義的な定義に応えて，ロバート・ノージックはそれに代わる定義を提供したが，これは彼の自由至上主義的な見解に，より適合したものだった．ノージックにとって正義とは，権利の問題だった．フリードリヒ・ハイエクの経済理論とロックの政治哲学に影響を受け，彼の権原理論には三つの主要な原則がある．すなわち，獲得における正義（ある人が最初に財産を持つに至る仕方），移転における正義（ある人が他者から，双方の同意のもとで，取引または贈物として財産を取得する仕方），不正の是正（不当に取得または移転された財産に対処する仕方）．財産の分配が正しいのは，誰もが自分の所有する財産の権原を持っている場合である．取得もしくは移転における正義の原則に従って財産を取得する人は誰でも，その権原がある．しかし，他の方法で取得した財産には，誰も権原はなく，窃盗や詐欺などの場合に対処するためには是正が存在する．国家の介入は権原の保護に限定されるべきであり，例えば課税による，同意なしの再分配は不正である．

【訳注】 ノージックが導入した概念，権原（entitlement）は，法哲学の用語として，何かの正当性の根拠という意味で，権利や権限とは区別される．各人の所有する身体と労働を用いた財産の取得や移転は，その人の権原に基づく．ロールズの自由主義（liberalism）に対して，ノージックは自由至上主義（libertarianism）で対抗した．ロールズ流のリベラリズムは，国家による経済活動への介入と再配分を必要と考えるが，ノージックのようなリバタリアニズムは，それを不正と考える

政治権力の分析

　政治哲学は大部分，理想的な国家の理論とそのような国家における政府の役割に関する議論に関わっているが，既存の政治体制に批判的な目を向ける可能性もある．ノーム・チョムスキーは若い頃から左翼とアナーキズムの政治に惹かれ，言語学で名を馳せた後（175頁参照），政治哲学に関心を向けた．道徳哲学者としては，彼は他の人びとに適用するのと同じ道徳基準を自分自身に適用するべきだと信じていた．そして政治でも同様にして，あらゆる国家の道徳，とくに自分たち自身の国家の道徳を検証すべきだという．我々は自分たちの国家が他の国家よりも倫理的に行動していると考える傾向にあるが，それは，我々が自分たちの政府の行動ではなく，政府の巧みな言葉のほうを検討して，それが実行に移されるかどうかを疑問視するよりも，受け入れるほうが簡単だと思うからである．しかし，どの国家でも，政府の政治的主張と行動の間には食い違いがあり，これは我々がたまたま住んでいる国家にも，多分にもれず当てはまる．そこで，我々は自分たちの政府が政治権力を行使する仕方を客観的に分析しなければならないのである．

20世紀の政治哲学

190 左翼の失敗

　フランクフルト学派以降，左翼の政治哲学者たちの長年にわたる懸念事項は，資本主義の不可避的な崩壊というマルクスの予測とは裏腹な，資本主義の継続的な成功だった．東側共産圏でのソビエト社会主義の破綻の後，どんな形であれマルクス主義社会主義や共産主義に従い続けた国はほとんどなく，中国でさえ独自な型の混合経済を開発した．マルクス主義の思想家たちは，自分たちが野党的な立場にあって，権力を持っていないことに気づいた．しかし，スラヴォイ・ジジェクは，この状況はある安易な抜け道を示してくれていると見た．その状況のおかげで，理論的な国家について理論を立てるだけで，その理論を実践に移す責任を負わずに，反抗の態度をとることが可能になるからである．そして，世界を解釈することをやめて，世界を変えることを始めるようにという，マルクス自身の勧告を無視することができる．ジジェクが言うには，左翼の本当の失敗は，資本主義の打倒を諦めながら，その打倒によって実現できたであろう，捉えどころのない社会について話し続けることを選択したことである．その代わりに，実際に起こったことを踏まえて，革命的社会主義を再評価し，資本主義の増大する失敗につけ込むべきだという．

191 環境主義

　環境への関心は，少なくとも工業化された世界では，19世紀までは少ししか哲学の中で果たす役割はなかった．ロマン主義の「自然」への没頭と，自然と調和して生きるというアメリカ超越主義の理想は，部分的には工業化への反発であったが，人間が自然世界の一部に過ぎないという考えは，ショーペンハウアーの哲学（132頁参照）にも存在した．生態学という新しい科学に由来する考え方が，アルネ・ネスのような哲学者たちによって取り上げられ，彼は，我々自身の利益だけのために存在しているわけではない世界を，長期的に維持する責任があることを示した．資源の無責任な使用は，将来の資源の供給力を低下させ，環境を汚染し，我々自身を含むすべての生命を危険に晒す．ネスは，自然界への害を防ぐだけでなく，より有意義な生活を送るために，我々の生命圏との関係を認識して「山の身になって考える」ように我々に促した．彼の思想は，気候変動の脅威がますます無視しにくくなるにつれて勢いを増した政治的環境保護の運動に影響を与えた．

【訳注】 科学としての生態学（ecology）は生物と環境の間の相互関係を扱う学問であり，その見方に触発されたエコロジー運動とは（名前は紛らわしいが）同じものではない．ネスは，浅い（シャロウ）エコロジーと深い（ディープ）エコロジーを区別し，後者を推進しようとしたが，環境問題を考えようとするなら，この二通りのエコロジーの違いも考慮する必要がある

20世紀の政治哲学

192 人種と哲学

アメリカの政治哲学が民主主義に没頭していたにもかかわらず、アフリカ系アメリカ人は南北戦争と奴隷制度の廃止後も二流市民のままだった。公民権を求める闘争は、1909年に全米有色人種地位向上協会の創設者であるW・E・B・デュボイスが先陣を切り、1960年代にマーティン・ルーサー・キングの政治的キャンペーンで最高潮に達し、人種と人種差別を政治哲学にとって重要な問題にした。アメリカ黒人思想家たちはまた、独立しようと奮闘していたアフリカ諸国を勇気づける手助けもした。マルティニーク生まれの実存主義者フランツ・ファノンは、植民地独立後の最初のアフリカ人哲学者の一人で、国民国家が自らの独自性を決めるという考えを強調した。新たに独立した多くの国家は、西洋の民主主義に倣うことを選択し、その他はマルクス主義に触発された社会主義共和国を選んだ。しかしどの国家にも共通していた土台は、ヨーロッパ支配からの解放という感覚だった。のちに、伝統的な考えを組み込みながらも、人種や抑圧の問題に加えて、貧困や欠乏の問題に強調をおいた、きわめてアフリカ的な哲学運動が発展した。

【訳注】 1963年にキング牧師がリンカーン記念堂の前で行なった「私には夢がある」という演説はとりわけ有名である。その夢には、例えば「万人の平等が自明の真実だ」というアメリカの信条が本当に実現することが挙げられているが、その中に、「肌の色によってではなく、人格そのものによって評価される国に住む」というものがある。この種の運動で忘れられがちな、徳の重視が含まれていることが、彼の演説を格調高いものにしている

193 市民の不服従

　人々がしばしば政府の政策に同意しないことは，ほとんど言うまでもない．とくにその政府が専制的あるいは搾取的な宗主国であればなおさらである．しかし，個人が国家の行動を道徳的に間違っていると見なす場合はどうなのか．超越主義者のヘンリー・ソロー（158 頁参照）は，法律は市民の公民的自由を守るよりも抑圧していると考え，良心的に異存がある法律には，どんな法律にであれ抵抗することが市民の権利だと見なした．彼は非協力による平和的な抵抗を推奨した．彼自身の場合には，それは奴隷貿易とメキシコ戦争を支える税金を納めないことだった．我々の道徳的な信念に反する法律や政策を受動的に容認することは，事実上それらを正当だと認めることなので，それらに抵抗するのは我々の権利であるだけでなく，義務でもある．良心に基づく市民的不服従が道徳的に正しいというソローの考えは，とくに非暴力的抵抗の行使は，ガンジーによってインド独立の闘いに，マーティン・ルーサー・キングによってアメリカでの市民権獲得への闘いに取り入れられた．

20 世紀の政治哲学

194 ジェンダーと哲学

　1950年代と60年代の「第二波」フェミニズムは，シモーヌ・ド・ボーヴォワールの「女性らしさは社会によって女性に負わされている」という主張（153頁参照）に触発された．政治的な女性解放運動に加えて，フェミニスト哲学者による議論が大いに行われ，1990年代以降のいわゆる「第三波」に続いた．大陸哲学の伝統の中で，この議論は，ポスト構造主義や脱構築を用いて，哲学も含む男性中心の文化が，女性に対する見方や女性自身による見方を，どのように形作るかを突き止めるために，女性についての，また女性による言説を分析した．しかし，ジェンダーの観念が純粋に社会的に構築されたものなのか，それとも純粋に身体的なもの以上の本質的な違いが両性の間に存在するのかという議論もあった．ジェンダー研究は独立した学問分野として浮上し，ジェンダーの違いを決定する上での性別の役割も考慮に入れた．この時期に，それ以外の性的区別も徐々に受け入れたことが，その区別は伝統的なジェンダー定義にきちんと適合しなかったために，議論を複雑にした．

【訳注】ジェンダー（gender）は，14世紀から，文法用語として，西洋古典語やドイツ語などの名詞系品詞（代名詞や形容詞も含む）の（男性・女性・中性への）分類を指す言葉として用いられていたが，20世紀中頃から，フェミニズムの脈絡の中で，生物学的な性差（sex）とは区別される，文化的・社会的な男女差という意味で用いられるようになった

応用哲学

195 応用哲学

　科学が世界を，ますます上首尾に包括的に説明するようになったのを目の当たりにして，形而上学と認識論の分野は，徐々に哲学者たちからの注目が少なくなった．20世紀後半の哲学の重点は，道徳哲学と倫理学，とくに政治哲学に移った．最近のもう一つの変化は，哲学が社会で果たす役割に生じている．その歴史の大部分において，西洋哲学は知識人の領域であり続け，近代でも「象牙の塔」の学術部門と見なされてきたが，今日ではとくに道徳哲学の意義が認められている．哲学的思想の実践的な応用は，政治や法律だけでなく，ビジネス・経済・科学・医学においても，とりわけ，これらの分野の意思決定の倫理に見られる．論理学も，生活の多くの領域における議論の妥当性を分析することにその役割がある．今日の哲学者たちは，大学の部局にいるだけでなく，政府や，保健機関，企業にも，彼らの専門知識のために雇用されている．

道徳哲学の諸問題と，正・不正の決定とは，法廷で起こっていることの基本的な部分である

196 政治・経済・職業倫理

　政治哲学は，道徳哲学を，我々がそこで暮らしたいと思う種類の社会に関する実際的な問題へ応用したものとみなすことができる．経済学も，資源管理の科学的研究になる前に，哲学から生まれてきた．どちらも富の分配，公共財と私財，権利と自由を保護する法律といった問題に対処してきたが，比較的最近では，哲学は商業と金融の世界における意思決定の倫理を考察するよう求められてきている．例えば，株主・顧客・従業員に対する会社の責任とは何であるか．銀行のような機関は，利益を上げようとするべきなのか，それとも社会にサービスを提供するべきなのか．搾取の問題も注目の的となってきている．発展途上世界の安い労働力は，消費者にとっては価格を下げてくれるが，道徳的に疑わしく，地元での失業を引き起こしうる．タバコのような製品を提供している企業や，ジャンクフードなどを提供している企業でさえ，顧客を搾取していると非難される可能性がある．また，天然資源の搾取は，環境倫理に関する多くの問題を提起する．

科学倫理と医療倫理

　科学と医学の進歩は，通常，社会にとって主として有益だと考えられているが，ある人びとは全く新しい分野の倫理的議論を始めた．例えば，医学における新しい発見は，生の長さも質も向上させるし，表向きには明らかに道徳的に優れている．それでも我々はそれらの利点を，動物実験やヒトの幹細胞研究，商業的製薬会社の道徳その他の問題と比較考量しなければならない．中絶のような医療処置や，安楽死の困難な問題も，明快とは程遠い倫理的なジレンマをもたらす．科学研究のほぼすべての分野に，道徳的な側面を持つ決断が含まれている．遺伝子組換え作物，クローン複製，エネルギー生産，そしてとりわけ武器研究は，すべて倫理的な精査が必要な分野である．それにまた費用の問題もある．宇宙探査や粒子加速器などのプロジェクトに費やされたお金は，単純な経済的観点で正当化するだけでも十分難しいが，世界の人口のそれほど多くが極度の貧困の中で暮らしているときに，道徳的に正当化できるのか．

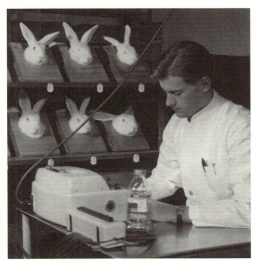

198 哲学と教育

歴史を通して,哲学者たちは,特に道徳哲学や政治哲学の分野で,教育の重要性をしばしば認識してきた.認識論,つまり知識とその獲得の研究も,教育技術の発展に影響を与えてきたし,ジャン・ピアジェやジョン・デューイなど,最も影響力のある教育理論家の幾人かは,哲学的な角度からこの問題に取り組んできた.

教育の哲学は,教育と学習の方法論だけでなく,教育の目的と,教えられる内容も考察する.プラトン以降の哲学者にとって,教育は道徳的価値を教え込む手段とみなされ,学生が自分の人生を送るべき仕方と,彼らが暮らすべき社会の種類について指導した.これは比較的最近まで教育の主要な風潮だったが,現代の世界においては,学校や大学の立場は道徳教育を提供することなのか,それとも,労働時間のための技術のみを教えて,学生が社会の生産的な一員になることを可能にするべきなのだろうか.

【訳注】 プラトンは教育に段階的な区別を考えて,子供のときは遊びを通じて学ぶことが重要だと論じているし,躾けが必要な段階と,自分で考える訓練をする段階とは明らかに区別している.一般的に言って,哲学においては批判的な思考が必要であり,教育を教え込む手段とみなす捉え方は,哲学と両立するかは疑問である.教育は知を注入することではないという見方については,34 頁訳注参照

199 科学 対 宗教

　西洋哲学は，古代ギリシアに始まった時から，以前は宗教によって説明されていたものに対する合理的な説明を見つけようと試みていた．しかし，キリスト教が出現すると，哲学が教会の教義に挑むことで，理性的思考と信仰の問題との間に不安定な関係ができた．しかし，宗教の支配に最大の脅威をもたらしたのは，「自然哲学」（現在我々が科学と呼ぶもの）であり，ルネサンス以降，宇宙の科学的説明への依存度が高まっていった．20世紀までに哲学者たちは，神の存在の証明というものはありえないことを一般的に受け入れ，無神論は容認されうる立場になった．近年，西洋社会は一般的に，より世俗的になっているが，それにもかかわらず，世界の人口の約4分の3は依然として自分自身をいずれかの宗教の信者として認識しており，創造論者などの原理主義者のうちには，神の啓示を支持して科学的証拠を拒絶する者もいる．科学は現代世界にとって必要不可欠かもしれないが，宗教も少なくとも等しい程度に重要であるように見えるだろう．

応用哲学

200 哲学の未来

　これほどまでに科学と科学技術が支配する世界における，哲学の位置とは何だろうか．世界に対する多くの哲学的説明は，科学理論にとって代わられ，形而上学・認識論・論理学の分野は，一見したところ，限界まで探求されたように見える．21世紀の哲学者たちは，道徳的・政治的な問題により関心を持つようになり，実際的な応用への傾向はまだ続く気配がある．しかし哲学には，たいていの場合，決定的な答えはない．多くの問題は，まだ満足に取り組まれておらず，我々の想定のいくつかは，完全に間違っていることがまだ証明されていないだけかもしれない．哲学の出来のいい子供である科学でさえ，根本的な欠陥を晒すことはあり得る．哲学者は依然として先人たちの思想が持つ意味を解明し，彼らの残した遺産を足場にしているが，最近の哲学の再流行は，新世代の思想家を惹きつけている．歴史が何らかの導き手であるならば，疑いもなく，別のソクラテス，デカルト，ヒューム，カントが，彼ら新世代の間から，我々の考え方を永続的に変えるような革新的な新たな思想を持って現れることだろう．

用 語 解 説

ア・プリオリ 経験からの証拠なしに真実であることが知られているものはア・プリオリ（先験的）であり，経験によってのみ真実であることがわかる命題は，ア・ポステリオリと呼ばれる
一元論 あらゆるものが一つの要素から構成されているという見方，あるいは，あらゆるものが一つのものであるという見方
イデア 何かがある名称で呼ばれるときに指示されている，そのものの具体的・感覚的な現れとは区別される事柄そのもの．例えば，「犬」と言うとき我々は目の前の「ポチ」を指している場合と「犬」そのものを指している場合がある．後者の場合に指示されているのがイデアである
宇宙 コスモスを見よ
宇宙論 宇宙の本性と起源についての研究
演繹 一般的な前提から特定の結論を導き出す推論の手続き．幾何学の証明や，三段論法が典型的な例である．帰納は，これと対照的に，特定の事柄から一般的な事柄を導く手続きであるが，通常は複数の事例の共通性から一般的な結論を導く．その結論の正しさは内容に左右される
懐疑 ある事柄が真であるか（あるいは有益であるか）について疑うこと
仮説 ある現象の説明が確定していないときに，その説明の候補として仮定される言説．まず解明されるべき問題が意識され，次にもっとも説明としてふさわしいと考えられる仮説が立てられ，さらにその仮説が妥当か否かを検証するという手続きが典型的である
観念論 あらゆるものは神あるいは人間の心の中の観念であると考える見方．一方では実在論と対立し，他方では唯物論と対比される
機械論 あらゆる出来事について，目的による説明を避けて，物理的な因果関係のみによって説明しようとする立場
帰納 演繹を見よ
客観的 主観的を見よ
偶然 必然を見よ
具体 抽象を見よ
経験 我々が感覚を通じて受けとるものの総体．言葉やその他の表現を介して受けとられるものが多く，受けとる側が（意識しなくても）取捨選択などの加工を加えることが多いため，純粋な感覚情報と同じではない
経験論 あらゆる知識は経験を通じて得られ，経験に先立つ知識というものはないという見方
形而上学 存在と知の本性について研究する哲学の部門
決定論 すべての出来事は，事前の条件の必然的な結果として決定されているという見方
現実 我々が直面する事柄を，空想や理想と対比したもの．可能性と対比される場合には，可能性が実現したあり方

現象学 様々な事物がわれわれの経験に現れてくるあり方を研究する哲学のやり方

構造主義 研究対象がもっている構造を明らかにすることによって，その対象について説明しようとする立場

功利主義 「よい」ということを，結果的に最も役に立つことと規定する見方．例えば，ベンサムの唱えた「最大多数の最大幸福」を目的とする立場がある

合理論 我々が世界の知を得るのは，経験によるのではなく理性によるという見方

コスモス 本来ギリシア語で「秩序」を意味したが，ピュタゴラスの頃から「宇宙」を指す言葉になった

誤謬 思考または発言の論理的な誤り

三段論法 二つの前提から一つの前提を導く推論

事実 実際に起こった事柄．虚構（捏造・創作）と対比される．我々が直接経験できる事実はごく一部であるため，正しく伝達されているかが問題となる

自然哲学 広い意味では，自然世界についての知を求める営みは自然哲学である．サイエンス（知識の意味）が科学の意味で使われるようになってからも，自然科学の最先端の研究は広い意味での自然哲学にほかならない

実在論 世界あるいは対象が，我々の心とは独立に存在するという見方

実証主義 知識は，感覚を通じて経験される事実か論理的に証明される事柄にのみ由来するという見方

実存主義 主観的な人間の存在経験を重視することに基づいて，人生の無意味さや自由の重荷など様々な考察を行なう立場

主観的 個々の判断者（主観・主体）との関係でのみ成立していること．主観から独立したものは客観的と呼ばれる

真実 日常的な表現では「本当」ということだが，虚（実質がないこと）と偽（事実に反すること／論理的に正しくないこと）に対比される場合と，一見そう見える（現れる）ことと対比される場合がある

人文主義 哲学的探求の基礎として，人間を神などの超自然的な世界よりも重要視する立場

相対主義 もののあり方や価値などが，それ自体として定まっていることを否定し，個人や社会との関係でのみ成り立っているという見方

存在論 存在（「ある・である」）と存在の本質を研究する哲学の部門

推理 知られている事実から，まだ知られていない事柄についての判断を導くこと．形式論理学の推論のように，必然的な結論を導くものも，日常思考の多くの場合のように，ありそうな結論を導くものもある

推論 前提から結論を導く論理的な手続き

世界 哲学の文脈では，「世界」は（「宇宙」と同様），我々が経験できるあらゆる存在を意味することがある

総合命題 分析命題を見よ

妥当性 推論の正しさ．命題の正しさ（真）とは区別され，前提から結論を導く手続きに間違いがないこと．妥当な推論は，前提がすべて正しい場合には結論も正しいことを保証する

知的対象 ヌーメノンを見よ

抽象 物事の知られる側面（形相）だけを切り離して考えること．切り離す前の全体が具体である．対応する物事がない言葉は，抽象概念ではなく空虚な言葉である

超越論的 我々の経験や把握を超えたあり方

道徳哲学 我々がいかにに生きるべきかについて，また善悪や価値，義務などについて考察する哲学の分野

徳 ギリシア語の「アレテー」は一般に「よさ」を意味したが，人間としてのよさの場合には「徳」と訳される

二元論 物事は二つの異なる要素から構成されているという見方．心の哲学で二元論とは，心と体が区別されているという見方（心身二元論）を指す

認識論 我々が物事をいかにして知るかを扱う哲学の部門

ヌーメノン（知的対象） ギリシア語の「ノウーメノン（知性によって知られるもの）」を語源とし，「現象」と対比されて，我々が感覚を通じて経験できない対象を指す．カントでは「もの自体」がそれに相当する

反証可能性 理論が経験的な証拠によって誤りを証明できるということ．ポパーの哲学では，科学固有の特性とされる

汎神論 神があらゆるもののうちに宿るという見方，あるいは神が万物であるという見方

美学 美の特質や芸術の諸原理について研究する哲学の一分野

必然 それ以外のあり方が可能でないこと．それ以外のあり方が可能であるのは偶然と言える．偶然的真理とは，たまたま真実であるもの

普遍 個別的なものと対比して，共通の規定が当てはまるすべてのもの．例えば，ソクラテスは個別の人間であるが，種としての人間は普遍である

プラグマティズム 知識が真理かどうかは，実用上の効果のあるなしで決定されるとする見方

分析哲学 言明や議論を論理的に分析することで，その意味を明確にし，それが世界の客観的な知識を提供するかどうかを確立するやり方

分析命題 他の事実を参照せずに，内容の分析だけで真または偽であると示すことができる命題．その逆は総合命題で，それが言及する事実を確認することによってのみ真であることが決定できる

弁証法 ギリシア語の「問答法」に基づく用語．ヘーゲルは，いかなる概念も，それ自体のうちに矛盾した概念を含んでいて，2つの概念の間の対立関係は，第3の概念によって解決されると考え，これを弁証法的な進行と説明した．この着想をマルクスが唯物論と結びつけたのが弁証法的唯物論である

目的論 あらゆるものが特定の目的のためにあるという見方

唯物論 あらゆるものは物質的または物理的であり，物質から構成されているという見方

唯名論 実在するのは個々の物であり，「普遍」はそれらをまとめて呼ぶ名称に過ぎないという見方

理性 ことわり（理）に従って思考し判断する能力

倫理学 道徳哲学と実質的に同じ

論理 思考や言説が論理的であると認められる条件は，前提と結論のようなつながりがあることと，無矛盾である（両立できないことを同時に主張していない）ことである
論理学 推論の正しさの研究

訳者あとがき

　この本は，Marcus Weeks の Philosophy in Minutes（2014）の全訳である．200 のトピックを選んで，それぞれが「数分で」読んで理解できるように書かれている．「哲学とは何か」という問題を本格的に論じることは，本書の目的ではない．著者は，哲学が何であるかについては，その文字通りの意味に一言触れるだけで，哲学者たちが何をしてきたかに注目させようとする．そこには，様々な問題意識があり，哲学者たちの努力は，その問題にいかに答えるかということに向けられている．当然その答え方には，歴史が関わってくるが，本書の比重はどちらかと言えば問題の取り扱いのほうにおかれる．

　この本は，そのような書き方を通じて，読者に知らず知らず哲学に親しみをもたせ，哲学的な問題への取り組み方の手ほどきをしてくれるところに特色がある．200 のトピックをバランスよく配置するのは難しいことだが，著者は東洋哲学の項目なども設けて配慮する．東洋の記述は日本人の視点からは物足りないかもしれないが，西洋から見るとこうなるのだという発見はあるだろう．逆に日本人が西洋哲学を理解しようとするとき，その背後のキリスト教的な世界観が障壁になることが少なくないが，その点についても，この本からはいろいろ学べるところがある．

　訳注については，原著の性格上，細かすぎる注は避けて，読者の理解に少しでも役立つと思われる情報を，関係の深いページの下の挿絵の横に掲載した．本文の背景など，つながりが分かりやすくなるように心がけたつもりである．結果的に古代哲学に関連する注が多くなったが，哲学のいわば「原点」を念頭に置きながら様々な哲学者の取り組みに接することが，全体的な見通しを持ちやすくなるのではないか，という訳者の思わくがある．

　この本をご紹介くださった京都大学名誉教授の宮崎興二さん，それをこのような形にしてくださった丸善出版企画・編集第三部長の小林秀一郎さんと担当編集者の藤村斉輝さんに，心よりの感謝を捧げる．

2024 年 12 月

訳者代表
山　口　義　久

索　引

【人名】
●あ行
アインシュタイン　177, 178, 179, 181
アヴィセンナ　75, 76, 77, 95
アヴェロエス　58, 62, 75, 77
アウグスティヌス　56, 57, 59, 61, 62, 68, 70
アナクシマンドロス　14, 15
アナクシメネス　6, 14
アベラール　63, 70
アリストテレス　4, 5, 36, 37, 38, 39, 40, 41, 42, 43, 48, 56, 63, 66, 70, 71, 72, 75, 76, 77, 84, 94, 103, 165
アンセルムス　64, 67
ウィトゲンシュタイン　165, 171, 173
ヴォルテール　87, 89, 90
エピクロス　6, 47, 48, 59, 60, 125
エマーソン　157, 158
エラスムス　73
エンペドクレス　22, 23
オッカム　70, 71, 111
●か行
カミュ　144, 148, 149, 152
ガリレオ　11, 79, 104
カント　64, 82, 123, 126, 127, 128, 129, 130, 132, 134, 141, 146, 171, 185
キェルケゴール　144, 145, 146
キング　192, 193
クザーヌス　72
クセノパネス　3, 18, 114
クーン　177, 181, 182
ケプラー　79, 80
孔子　9, 50, 52, 53
コペルニクス　11, 79, 80, 104, 117
コント　115, 116
●さ行
サルトル　144, 148, 149, 151, 152, 155
ジェームズ　157, 160, 161
シェリング　126, 131
ショーペンハウアー　9, 132, 133, 142, 149, 171, 179, 191
スピノザ　91, 99, 100, 101, 131
スミス　119, 120, 123
ゼノン　20, 49

ソクラテス　26, 27, 28, 29, 30, 32, 38, 39, 42, 43, 45, 72, 187
ソシュール　154
ソロー　157, 158, 193
●た行
ダーウィン　105, 117, 118, 150
タレス　12, 13, 14, 16
チューリング　176
チョムスキー　175, 189
ディドロ　87, 90
デカルト　91, 92, 93, 94, 95, 96, 99, 100, 104, 105, 106
デモクリトス　23, 29, 48
デューイ　157, 163, 186, 198
デリダ　149, 155, 156
トマス・アクィナス　15, 56, 62, 64, 66, 67, 68
●な行
ニーチェ　126, 142, 143, 144
ニュートン　60, 118, 178, 181
ネス　191
ノージック　188
●は行
ハイデガー　144, 147, 148
バーク　119, 121
バークリー　107, 111, 179
パース　157, 159, 160, 163
パスカル　65
バーリン　89, 124
バルト　154, 155, 156
パルメニデス　4, 19, 22, 23, 27, 48
ピュタゴラス　17, 43
ヒューム　11, 59, 108, 109, 110, 111, 112, 113, 120, 127, 130, 180
ファイヤアーベント　177, 182
フィヒテ　130, 131
フォイエルバッハ　126, 137, 138, 141
フーコー　149, 155, 156
フッサール　144, 146, 147
ブッダ　9, 54, 55
プラトン　4, 25, 26, 28, 32, 33, 34, 35, 36, 38, 41, 43, 44, 46, 48, 56, 57, 63, 66, 70, 76, 77, 79, 91, 114, 125, 142, 198
フレーゲ　165, 166, 167, 168, 172

207

プロタゴラス　24, 25
プロティノス　57, 68, 76
ヘーゲル　134, 135, 136, 137, 138, 141, 145, 185
ベーコン　34, 79, 81, 84, 103, 111
ヘラクレイトス　16, 18, 19, 68, 150
ベルクソン　149, 150
ベンサム　119, 122, 123
ボーヴォワール　153, 194
ボエティウス　60, 61
ホッブズ　85, 86, 88, 89, 103, 104, 105
ポパー　177, 180, 181, 182

●ま行
マキャベリ　80, 81, 82
マルクス　89, 116, 137, 138, 139, 140, 141, 184, 190
ミル　89, 119, 123, 125, 168
ムーア　169, 173
メルロ=ポンティ　144, 148

●ら行
ライプニッツ　91, 102, 109
ライル　94
ラッセル　165, 168, 169, 171, 172
ルソー　88, 89, 90, 131
老子　9, 50, 51, 52
ロック　86, 89, 106, 107, 111, 188
ローティ　157, 164
ロールズ　187, 188

【事項】
●あ行
悪　59, 83
意志　60, 61, 129, 132, 133, 142
意識　96, 97, 105, 133, 134, 136, 146, 148, 158, 161, 162, 176
イスラム　10, 62, 75, 76, 77, 78, 84
一元論　19, 22, 99, 100
イデア　33, 34, 35, 36, 38, 44, 48, 63, 66, 68
イデオロギー　185
意図　58, 69, 82, 83, 118, 129, 173
因果　108, 110, 179
インド　9, 50, 54, 75
宇宙　2, 11, 13, 15, 22, 23, 51, 54, 67, 79, 80, 101, 104, 118, 130, 152, 177, 178, 179, 199
エネルギー　13, 133, 178, 179
演繹　5, 130

●か行
懐疑　92, 111
懐疑主義　46, 92
懐疑論　112, 113
科学　2, 11, 13, 37, 58, 71, 74, 79, 80, 84, 91, 96, 100, 103, 104, 110, 115, 116, 117, 157, 168, 170, 172, 177, 180, 182, 197, 199, 200
科学哲学　11, 115, 181
革命　88, 89, 90, 119, 121, 137, 140
仮説　79, 84, 111
カテゴリー　94, 127, 128, 134
カトリック　62, 73, 74, 79, 80
神　15, 35, 47, 58, 60, 64, 65, 67, 72, 87, 101, 117, 118, 136, 142, 151, 152, 199
感覚　3, 46, 48, 76, 91, 92, 93, 94, 95, 100, 106, 111, 126, 128, 150, 159, 164
観察　11, 37, 71, 84, 87, 103, 161, 162, 179, 180
観測　11, 79, 110
観念　106, 107, 109, 110, 136, 150
観念論　50, 99, 111, 126, 128, 130, 131, 137
機械論　96, 101, 103, 104
帰納　5, 11, 38, 84, 110, 177, 180
キュニコイ　6, 45, 49
教育　34, 41, 62, 87, 88, 157, 186, 198
共産主義　140, 151, 183, 184, 185, 190
ギリシア　1, 2, 3, 6, 7, 8, 10, 12, 24, 29, 44, 56, 62, 75, 80, 89, 143, 165, 187, 199
キリスト教　10, 56, 57, 58, 60, 62, 66, 70, 72, 75, 101, 118, 143, 199
経験　3, 36, 38, 71, 97, 98, 107, 108, 111, 126, 128, 132, 146, 147, 150, 164, 172
経験主義　72
経験論　3, 70, 79, 84, 91, 103, 108, 111, 114, 115, 122, 126, 169
形而上学　1, 2, 4, 11, 50, 92, 94, 115, 116, 126, 138, 162, 177, 178, 179
形相　33, 36, 40
啓蒙（の時代）　48, 79, 90, 91, 126
結果　2, 15, 65, 69, 81, 83, 129
決定論　60
原因　2, 15, 40, 67
言語学　149, 154, 165, 174, 175

208

原子　2, 23, 47, 48
現実　4, 16, 19, 34, 70, 92, 128, 130, 134, 135, 136, 143, 148, 150, 164, 173
現象　128, 132, 146, 147
現象学　144, 146, 147, 148, 155
権利　105, 125, 188, 193, 196
構成要素　2, 13, 16, 18, 22
構成主義　149, 154, 155, 156, 164, 174, 194
幸福　1, 6, 29, 30, 31, 47, 49, 122, 141
功利主義　82, 122, 123
合理論　3, 70, 79, 91, 100, 102, 103, 106, 109, 114, 115, 126, 127
心　76, 93, 94, 97, 99, 162
国家　28, 31, 41, 81, 85, 188, 189, 192, 193
コンピュータ　105, 162, 176
●さ行
三段論法　5, 39, 165, 166
ジェンダー　183, 194
自然　6, 35, 49, 101, 117, 131, 158, 191
自然科学　11, 177
自然状態　85, 86, 88, 89, 131
自然哲学　11, 37, 179, 199
自然法　68
自然法則　111, 129
実証主義　115, 116, 165, 172, 173
実存主義　144, 145, 148, 149, 152, 153, 155
実体　4, 93, 94, 96, 98, 99, 100, 101, 127
社会　31, 41, 85, 116, 121, 164, 196
社会契約　85, 86, 88, 89, 90, 186
社会主義　122, 140, 184, 190, 192
自由　59, 60, 61, 85, 86, 87, 88, 89, 90, 124, 125, 144, 145, 146, 151, 153, 196
宗教　9, 10, 35, 50, 51, 54, 73, 75, 77, 118, 119, 120, 123, 126, 136, 141, 142, 143, 199
自由主義　47, 53, 89, 119, 120, 121, 123, 137, 187, 188
情念　112
進化　58, 105, 117, 134, 135, 136, 150
神学　10, 57, 62, 71, 73, 75, 137, 141
人権　90, 125
信仰　10, 56, 57, 58, 61, 64, 65, 66, 71, 73, 118, 199

真実　3, 18, 25, 27, 34, 35, 92, 115, 156, 157, 158, 159, 160, 167, 168, 169, 172, 178
人種　183, 192
身体　47, 48, 76, 93, 94, 100, 101, 128
新プラトン主義　57, 70, 76, 77
人文主義　62, 73, 74, 79, 80, 82, 90, 117
真理　77, 102, 109, 167
推理思考　3, 5, 37, 93, 96, 102, 117, 128
数学　5, 17, 75, 84, 91, 100, 103, 104, 165, 166, 167, 168, 169, 170, 175
スコラ哲学　62, 63, 64, 70, 73, 74, 77, 78
ストア派　5, 6, 12, 49, 60, 66
正義　1, 26, 42, 68, 89, 135, 187, 188
政治哲学　1, 7, 31, 41, 79, 82, 87, 89, 90, 106, 119, 120, 122, 139, 140, 183, 184, 189, 192, 196, 198
精神　2, 93, 96, 97, 99, 100, 101, 130, 134, 135, 136, 137, 138
世界　14, 37, 92, 95, 96, 101, 106, 112, 128, 138, 143, 159, 171, 172, 177, 185, 190, 195, 200
疎外　136, 139, 140, 141
ソフィスト　25, 26, 27, 28, 30
存在　2, 19, 40, 64, 66, 67, 95, 97, 107, 113, 134, 144, 147, 151, 152
存在論　1, 4, 64
●た行
脱構築　156, 194
タブラ・ラーサ　66, 106
知覚　19, 34, 107, 150
知識　18, 36, 91, 94, 98, 102, 106, 108, 110, 114, 115, 116, 127, 150, 157, 159, 163, 164, 186
知的対象（ヌーメノン）　128, 130, 132, 133, 146, 147
超越主義　157, 158, 191
超越論　126, 128, 129
定義　8, 26, 27, 33, 42, 43, 109, 187
定言命法　123, 129
道徳　83, 130, 197
道徳哲学　1, 6, 9, 27, 29, 31, 35, 42, 50, 51, 52, 53, 54, 82, 113, 120, 122, 129, 137, 189, 195, 196
東洋　9, 10, 50
徳　1, 6, 9, 27, 29, 30, 31, 42, 49, 52,

索　引　209

68, 89, 137, 143, 187, 192
●な行
二元論　76, 93, 94, 95, 99, 100, 104
人間主義　24, 47, 56
認識論　1, 3, 18, 36, 91, 92, 100, 162, 167, 169, 171, 186, 198
脳　99, 162, 176
●は行
パラドクス　20, 21, 59
美　8, 43, 44
美学　8
非物質　4, 48, 76, 93, 94, 96, 99, 107, 134, 137
表象　132, 133
平等　89, 90, 125
フェミニズム　153, 194
不死　18, 48, 54
仏教　54, 55, 133
物質　2, 4, 13, 22, 23, 47, 48, 90, 99, 100, 104, 107, 131, 136, 179
物理（学）　11, 96, 100, 130, 177, 178, 179
物理法則　96, 104, 116, 178
普遍　39, 63, 66, 70, 72, 129, 133, 175
プラグマティズム　157, 159, 160, 161, 163, 164, 186
フランクフルト学派　184, 185, 190
分析哲学　165, 169, 170, 171, 173, 174
弁証法　135, 136, 137, 138, 139, 140, 185
方法　11, 71, 79, 84, 91, 92, 115, 116, 147, 163, 170, 182

方法論　37, 70, 103, 110, 180, 181
本質　2, 4, 33, 64, 66, 67, 147, 151
●ま行
マルクス主義　154, 155, 183, 184, 185
民主主義　79, 119, 125, 140, 183, 186, 187, 192
民主政　31, 41
目的　6, 40, 47, 54, 58, 69, 82, 142, 143, 151
問答法　26, 27, 32, 33, 39, 62, 135
●や行
唯物論　87, 99, 103, 104, 105, 126, 137, 138, 141, 142
ユダヤ教　10, 142
よき生（よく生きる）　6, 7, 29, 30, 31, 49, 54
●ら行
理性　1, 10, 13, 15, 33, 48, 49, 57, 58, 65, 72, 73, 76, 102, 103, 112, 113, 118, 129, 141, 164, 199
理性の時代　65, 74, 79, 87, 91, 103
倫理　69, 196, 197
倫理学　1, 6, 7, 21, 30, 31, 42, 53
ルネサンス　22, 56, 61, 62, 74, 79, 80, 81, 82, 84, 85, 90, 117, 118
ローマ　12, 49, 56, 57, 61
ロマン主義　88, 101, 131, 157, 158, 191
論理　5, 20, 21, 46, 65, 110, 111, 170
論理学　1, 5, 39, 63, 65, 71, 84, 165, 166, 167, 168, 169, 171, 172, 175, 181

図版クレジット

All pictures except those below are in the public domain:

[2]: ESO/IDA/Danish 1.5 m/R. Gendler and A. Hornstrup; [4]: UIG via Getty Images; [6]: Shutterstock/graphixmania; [12]: Shutterstock/Vava Vladimir Jovanovic; [13]: Shutterstock/Anton Balazh; [15]: Shutterstock/pryzmat; [16]: Shutterstock/blue67sign; [18]: Shutterstock/Ann Baldwin; [21]: Shutterstock/Denis Burdin; [22]: INTERFOTO/Sammlung Rauch/Mary Evans; [25]: Mary Evans Picture Library; [27]: Shutterstock/Renata Sedmakova; [29]: © Gideon Mendel/Corbis; [30]: Shutterstock/muratart; [31]: Cornell University Library; [32]: Shutterstock/Anastasios71; [34]: Mary Evans Picture Library; [42]: SSPL via Getty Images; [43]: Mattgirling; [48]: Mary Evans/Grenville Collins Postcard Collection; [54]: Shutterstock/Momo5287; [55]: Shutterstock/MrGarry; [60]: Shutterstock/Bplanet; [63]: tl & tr: Shutterstock/Maks Narodenko; bl: Shutterstock/Alexander Fediachov; br: Lightspring; [70]: Mary Evans Picture Library; [75]: Shutterstock/creativei images; [76]: NASA; [77]: Shutterstock/Gyuszko-Photo; [82]: US Army Photo; [83]: Shutterstock/Calvste; [92]: Shutterstock/Raphael Ramirez Lee; [104]: © Bettmann/Corbis; [105]: Shutterstock/spflaum; [107]: Shutterstock/Catalin Petolea; [109]: Shutterstock/Vitezslav Valka; [110]: Shutterstock/Robert Ivaysyuk; [111]: Shutterstock/ruskpp; [112]: Mary Evans Picture Library; [115]: National Archives and Records Administration; [119]: Tupungato; [125]: Johnny Cyprus; [126]: Shutterstock/Francesco Carucci; [128]: Tim Brown/Shutterstock/Sergei Butorin; [129]: Shutterstock/RAYphotographer; [136]: © Bettmann/Corbis; [139]: Clem Rutter, Rochester, Kent; [141]: Carlosbenitez26; [144]: The Granger Collection/TopFoto; [145]: Shutterstock/Mostovyi Sergii Igorevich; [149]: Shutterstock/Gunnar Pippel; [152]: Roger Pic; [153]: US Library of Congress; [155]: seier+seier; [156]: Michael Jantzen; [157]: Getty Images; [160]: Shutterstock/Photoseeker; [162]: Shutterstock/sextoacto; [163]: U.S. National Archives and Records Administration; [165]: Shutterstock/chungking; [167]: © Pictorial Press Ltd/Alamy; [171]: Shutterstock/rook76; [173]: Courtesy of Mark Bryson and Jesse Brown; [174]: Shutterstock/Ioannis Pantzi; [175]: U.S. National Archives and Records Administration; [177]: Shutterstock/Oliver Sved; [180]: Shutterstock/gameanna; [183]: US Army Photo: USAMHI; [184]: Jjshapiro at en.wikipedia; [186]: Matt H. Wade; [187]: Shutterstock/Rob Wilson; [188]: Shutterstock/1000 Words; [190]: Sue Ream; [191]: Shutterstock/Dirk Ercken; [192]: Getty Images; [195]: Shutterstock/Everett Collection; [196]: © Paul A. Souders/CORBIS; [197]: © Hulton-Deutsch Collection/CORBIS; [199]: Shutterstock/Stanil777.

All other illustrations by Tim Brown, except [11], [23], [181] by Patrick Nugent, Guy Harvey and Nathan Martin.

[原著者]

マーカス・ウィークス（Marcus Weeks）

哲学入門ショートストーリー200

令和7年1月31日　発行

訳　者　　山　口　義　久
　　　　　松子・Y・ノース

発行者　　池　田　和　博

発行所　　丸善出版株式会社
　　　　　〒101-0051　東京都千代田区神田神保町二丁目17番
　　　　　編集：電話(03)3512-3264／FAX(03)3512-3272
　　　　　営業：電話(03)3512-3256／FAX(03)3512-3270
　　　　　https://www.maruzen-publishing.co.jp

Ⓒ Yoshihisa Yamaguchi, Matsuko・Y・North, 2025
組版印刷・創栄図書印刷株式会社／製本・株式会社 松岳社
ISBN 978-4-621-31038-0　C 0010　　　　Printed in Japan

本書の無断複写は著作権法上での例外を除き禁じられています．